RELATION

DU

CAPITAINE MAITLAND.

PARIS. — IMPRIMERIE DE FAIN,
Rue Racine, n°. 4, place de l'Odéon.

RELATION

DU

CAPITAINE MAITLAND,

EX-COMMANDANT DU *BELLEROPHON*,

CONCERNANT

L'EMBARQUEMENT ET LE SÉJOUR

DE L'EMPEREUR NAPOLÉON

A BORD DE CE VAISSEAU;

TRADUITE DE L'ANGLAIS,

PAR J.-T. PARISOT,

ANCIEN OFFICIER DE MARINE.

PARIS.

BAUDOUIN FRÈRES, ÉDITEURS,

RUE DE VAUGIRARD, N°. 17;

BRUXELLES, MÊME MAISON DE COMMERCE,

Rue Montagne de la Cour, n. 667.

1826.

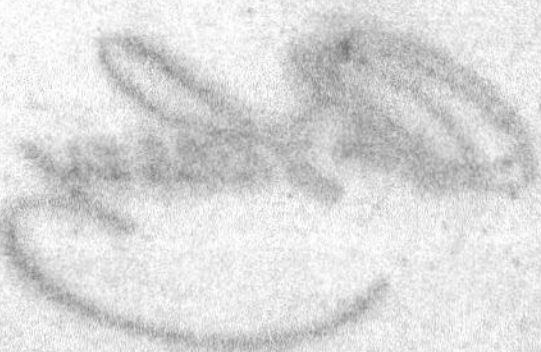

NAPOLÉON, avant de se laisser conduire à Sainte-Hélène, avait protesté solennellement à la face du ciel et des hommes contre la conduite du gouvernement anglais à son égard. Il s'était déclaré l'hôte et non le prisonnier de l'Angleterre, et avait prononcé cette sentence mémorable que l'histoire doit révoquer ou confirmer :

La foi britannique se trouvera perdue dans l'hospitalité du Bellerophon.

Le ministère d'alors, dirigé par Castlereagh, et encore trop imbu des principes de Pitt, était trop peu sensible aux reproches de déloyauté. Sa maxime était de servir l'Angleterre, *per fas et nefas.* Il ne voyait en toutes choses que le but, sans scrupule sur les moyens. La capture de Napoléon dut lui paraître un résultat trop important pour se laisser arrêter par la crainte d'être taxé d'astuce et de perfidie.

Aujourd'hui, un cabinet moins machiavélique et plus jaloux de l'honneur national, désire peut-être aller au-devant du jugement que portera l'histoire; et voilà très-probablement la cause réelle, quoique non avouée, de la publication si tardive de la Relation du capitaine Maitland.

Il y affirme, d'une manière positive, qu'*aucune embûche n'a été tendue, ni de la part du gouvernement de sa majesté britannique, ni de la sienne.*

Cette assertion est le fond du livre, et c'est pour essayer de la prouver que le capitaine Maitland a pris la plume.

La question est de savoir s'il a atteint ce but. Nous la soumettons à la décision du public français, sans nous écarter de la plus stricte impartialité, en hasardant la moindre réflexion sur un écrit propre à les faire naître en foule, et qui, d'ailleurs, provoquera infailliblement des explications de la part de personnes mieux instruites que nous des particularités du grand événement que vient de retracer le capitaine Maitland.

J. T. P.

Paris, 25 juin 1826.

PRÉFACE.

Quelque explication semble nécessaire, lorsque, après un laps de onze ans, je présente au public ma Relation de la réception et du séjour de Napoléon Bonaparte à bord du vaisseau de Sa Majesté le *Bellerophon*. Et en effet, on demandera naturellement pourquoi elle a été tant d'années sans voir le jour, et pour quelle cause elle fait son apparition précisément à l'époque actuelle.

Immédiatement après que les événemens extraordinaires et intéressans qui sont consignés ici furent arrivés, les pressantes sollicitations de mes amis me portèrent à rassembler les notes et pièces que je possédais sur des opérations auxquelles je pris une part si distinguée (1). Je fus en outre conduit à entreprendre cette tâche si étrangère à mes occupations habituelles, en conséquence des nombreuses erreurs qu'on répandit, dans le temps même, concernant la conduite de Bonaparte pendant son séjour à bord du vaisseau que je commandais, ainsi que la manière dont je le traitai.

Je traçai alors la Relation suivante, uniquement pour la communiquer à mes

---

(1) *In which I bore so prominent a part.*

Quoi que dise plus loin le capitaine Maitland du peu de soin qu'il a pu apporter à ses études, étant entré fort jeune dans la marine, on ne saurait s'empêcher de croire qu'il expliqua autrefois Virgile, et qu'il n'avait pas encore oublié le fameux

Et quorum pars magna fui.

(*Note du traducteur.*)

amis intimes, et non dans le dessein de
la publier, quantité de raisons, dans
mon opinion, se réunissant à cette époque pour rendre une pareille démarche
inconvenante.

Je m'appliquai à exposer les événemens tels qu'ils étaient arrivés, et, en
le faisant, à éviter autant que possible
de laisser paraître aucune prévention,
soit contraire, soit favorable à l'homme
extraordinaire que ma bonne fortune
m'a permis de saisir (1) et d'amener dans
ce pays. Il peut paraître surprenant qu'il
y ait possibilité qu'un officier anglais
soit prévenu en faveur d'un homme qui

---

(1) Nous n'employons pas cette expréssion à la légère, et nous aurions tout aussi bien pu mettre *em-
poigner*. (Voir le Dictionnaire de Boyer aux mots *to
secure* et *to apprehend*.)

(*Note du traducteur.*)

a causé tant de calamités à son pays;
mais cet homme possédait à un tel point
le don de plaire, qu'il n'y a guère de
gens qui auraient pu s'asseoir à la même
table que lui, pendant près d'un mois,
comme je l'ai fait, sans éprouver un
sentiment de compassion, allié peut-être
au regret qu'un homme doué de tant
de qualités séduisantes (1), et qui avait
occupé un rang si élevé, se trouvât réduit à l'état dans lequel je le vis.

Bien qu'une grande partie des causes
qui m'avaient fait dérober ma Relation aux
regards du public, aient depuis long-
temps cessé d'exister, je n'avais nulle
intention de la mettre au jour, lorsque
le hasard la fit tomber entre les mains

----

(1) *Fascinating* (fascinantes.)

(*Note du traducteur.*)

d'un littérateur très-célèbre (1). Il me fit l'honneur, en me la rendant, d'exprimer une opinion à laquelle je ne m'attendais pas du tout, et il me recommanda si fortement de la publier que, quelque éloigné que je sois de vouloir me donner un air d'auteur, je me suis décidé, avec la sanction d'une autorité aussi imposante, à la présenter au public.

Mes occupations et mes habitudes, depuis que je suis entré dans la marine, à un âge très-tendre, ont été fort différentes de celles d'un homme de lettres : aussi ma Relation ne peut prétendre à aucun autre mérite que celui qui dé-

____

(1) Probablement sir Walter-Scott, dans les recherches qu'il dut faire pour l'histoire de Napoléon, dont il s'occupe.

(*Note du traducteur.*)

rive de l'intérêt du sujet, et elle a été copiée, presque mot à mot, telle que je l'écrivis primitivement dans l'automne de 1815.

FRED. L. MAITLAND.

Lindores, 1826.

RELATION

DU

CAPITAINE MAITLAND.

ᴧᴧᴧᴧᴧᴧᴧᴧᴧᴧᴧᴧ

Lᴇ mercredi, 24 mai 1815, je mis à la voile de la baie de Cawsand avec le vaisseau de sa majesté le *Bellerophon* que je commandais, et qui faisait partie de l'escadre aux ordres de sir Henry Hotham, dont le pavillon était arboré sur le *Superb*.

J'avais reçu des instructions secrètes que je devais décacheter, les unes en prenant la mer, et les autres dans le cas seulement où je me trouverais séparé de l'amiral. Celles que j'ouvris à mon départ, me prescrivaient d'arrêter et d'envoyer dans un port anglais tous les bâti-

mens armés appartenant au gouvernement de France.

Le dimanche 28, je rejoignis l'*Astrea*
et le *Telegraph*, stationnés au large de
l'île Dieu pour un service secret. Le lendemain, trois transports, escortés par
l'*Helicon*, arrivèrent d'Angleterre, ayant
à bord des armes et des munitions pour
les royalistes de la Vendée, que l'escadre,
dont le *Bellerophon* faisait partie, était
destinée à seconder dans leurs opérations.

Le mardi 30, je reçus de sir Henry
Hotham l'ordre de prendre l'*Eridanus*
sous mon commandement, et de me porter au large de Rochefort, afin d'empêcher le départ d'une corvette qui, d'après
l'avis qu'en avait reçu le gouvernement
anglais, devait aller porter aux colonies
des Indes-Occidentales des propositions
de Bonaparte pour qu'elles se déclarassent
en sa faveur.

J'avais également reçu ordre de reconnaître la rade de Rochefort, et de rendre

compte à l'amiral du nombre et de l'état des bâtimens qui s'y trouvaient. En conséquence, je m'avançai, le 31, dans la rade des Basques, et je découvris à l'ancre, sous l'île d'Aix, deux grandes frégates, une corvette à trois mâts et un fort brick, tous prêts à prendre la mer : c'étaient, ainsi que je l'appris ensuite, la *Méduse*, la *Saale*, la *Bayadère* et l'*Épervier*.

Rien de remarquable ne survint jusqu'au 9 juin. Ce jour-là, une corvette française, nommée le *Vésuve*, arriva du nord, et entra à Rochefort nonobstant tous nos efforts pour l'en empêcher. Les bâtimens sous mes ordres avaient été poussés dans le sud, pendant la nuit, par un fort vent du nord et un courant très-violent. Cette corvette arrivait de la Guadeloupe : en passant devant la tour de Chassiron, elle arbora le pavillon tricolore.

Le 18 juin, j'arrêtai et j'envoyai à sir Henry Hotham, le transport français l'*É-*

née, commandé par un lieutenant de vaisseau et ayant un équipage de cinquante
hommes. Ce bâtiment était chargé de bois
pour l'arsenal de Rochefort. Toutefois, l'a-
miral pensant qu'il ne se trouvait pas dans
la catégorie de ceux mentionnés dans nos
instructions, on le relâcha.

Le 21, j'arrêtai et j'envoyai également
à l'amiral sous l'escorte de l'*Eridanus*, le
transport français la *Marianne* venant de
la Martinique et ayant à bord deux cent
vingt hommes du neuvième régiment d'infanterie légère envoyés en France pour rejoindre l'armée de Bonaparte. L'*Eridanus* fut chargé de l'escorter en Angleterre,
et ne revint plus, parce qu'on lui donna
une autre destination.

Le 27, le *Cephalus* nous rallia, apportant la déclaration de guerre contre la
France. Nous employâmes ensuite quelques jours à prendre et détruire des chasse-marées et autres petits bâtimens caboteurs.

Le 28, je reçus par un des bâtimens que je venais de prendre la nouvelle de la défaite de Napoléon à Waterloo.

Le 30, un canot vint de Bordeaux, m'apportant la lettre ci-dessous sans date ni signature. Elle était écrite en anglais sur du papier très-mince et cachée dans un tuyau de plume; je la transcris ici *verbatim*.

Copie d'une lettre, sans date ni signature, reçue par le capitaine Maitland, commandant le vaisseau de Sa Majesté Britannique le Bellerophon, *le 30 juin* 1815.

« Étant informé avec un grand degré de certitude que Bonaparte venant de Paris avec le nouveau maire de Bordeaux, aurait traversé cette ville la nuit dernière, dans la vue de s'échapper par l'embouchure de la rivière, ou par la Teste, l'auteur de la dernière note envoyée par M.... trace ces lignes à la hâte pour donner avis de cette intention à l'amiral anglais, afin qu'il puisse sur-le-champ prendre les mesures nécessaires pour s'emparer de l'homme. Il lui sera certainement venu à l'idée que les stations anglaises seraient naturellement moins sur leurs gardes de ce côté que de tout autre. La personne qui écrit profite de cette occasion pour informer l'amiral que, depuis l'envoi de la dernière note, il y a eu quelque changement à l'égard des troupes réparties dans ces deux divisions. Au lieu de huit cents à mille hommes qu'il y avait dans cette ville, on en compte aujourd'hui environ cinq mille, et l'on suppose que ce renfort a été envoyé dans l'intention de comprimer l'opinion de la population dans cet instant décisif.

» On suppose que l'amiral anglais a déjà été informé de la défaite et de la destruction totale de la grande armée, de l'abdication de Bonaparte, etc., et de l'arrivée des alliés près de la capitale.

» On devrait faire une tentative sur

cette côte, avec une force qui ne serait pas moindre de huit mille hommes, tout compris. Il est nécessaire de prendre sur-le-champ des mesures pour empêcher la fuite supposée.

» Si la tentative en question était faite sur la côte, de la Teste à Bordeaux, il faudrait faire immédiatement une diversion de ce côté; le succès est tout-à-fait hors de doute.

» Il faut avoir l'œil ouvert sur tous les bâtimens américains, et particulièrement le *Susquehannah*, de Philadelphie, capitaine Caleb Cushing : le général Bertrand et un autre partent avec lui.

» Les deux entrées de Bordeaux et de la Teste doivent être bloquées étroitement. On attend au retour du porteur une ligne ou deux de l'amiral ou du commandant de la station.

» Au moment où l'on écrit ceci, la nouvelle se répand de l'entrée du duc de Berry et de lord Wellington à Paris. »

La note dont il est mention plus haut, avait été reçue et envoyée par moi, sans être décachetée, à l'amiral qui se trouvait dans le baie de Quiberon.

Quoique l'on appelât si fortement mon attention du côté de Bordeaux ou de la Teste d'Arcachon, comme les points de la côte d'où Bonaparte chercherait probablement à s'échapper, mon opinion bien positive fut que Rochefort était plus vraisemblablement le port d'où la tentative serait faite. En conséquence, j'envoyai le *Myrmidon* au large de Bordeaux, le *Cephalus* devant la Teste, et je demeurai, avec le *Bellerophon* seul, à observer les mouvemens du port de Rochefort.

Depuis ce moment jusqu'à mon retour en Angleterre, le vaisseau ne fut jamais, de nuit comme de jour, à plus de trois milles (une lieue) de la côte. Pensant qu'il était d'une grande importance de communiquer, avec le moins de retard

possible, à mon supérieur, les renseignemens contenus dans la lettre de Bordeaux,
mais n'ayant plus de bâtimens avec moi,
après avoir détaché les deux qui se trouvaient sous mes ordres, j'expédiai la
barge (1) du *Bellerophon*, commandée
par un lieutenant à qui j'ordonnai de tâcher de joindre quelques-uns de nos croiseurs stationnés au large de l'île Dieu.
Je lui donnai un ordre adressé au capitaine de tout bâtiment de guerre de Sa
Majesté, qu'il pourrait rencontrer, et enjoignant à ce dernier d'aller, sans perdre
de temps, trouver l'amiral dans la baie de
Quiberon, pour lui remettre la dépêche
jointe à cet ordre. Mon lieutenant eut le
bonheur de rencontrer le *Cyrus*, capitaine Carrol, qui, en conséquence de mon
ordre, embarqua mon canot, et se dirigea vers la baie de Quiberon.

____

(1) Nom que les Anglais donnent au canot du capitaine.

Les bâtimens caboteurs que j'avais pris ne valant pas la peine qu'on les conduisît dans un port d'Angleterre, pour y être condamnés, et considérant que les circonstances où se trouvait mon vaisseau me défendaient d'affaiblir son équipage, même pour conduire une prise de grande valeur, je suivis l'habitude que j'avais adoptée d'employer de semblables captures à servir de but pour exercer mon équipage au tir de l'artillerie. Le *Céphalus* avait un chasse-marée à la remorque pour cet usage, quand je reçus la lettre mentionnée plus haut. J'expédiai ce bâtiment si promptement après l'avoir reçue, que le capitaine Furneaux n'eut pas le temps de détruire ce bateau de la manière accoutumée, et fut obligé de l'abandonner.

Quelques heures après que le *Céphalus* m'eut quitté, j'observai que le chasse-marée dérivait au large, et je me déterminai à courir après pour le couler à coups de canon. Pendant que je m'en approchais à ce dessein, en parcourant l'horison avec une longue-vue (1), je découvris sur l'eau, à une distance considérable, une petite tache blanche, qui avait l'apparence d'un bateau d'enfant, voguant avec des voiles de papier : cependant je distinguais parfaitement dedans quelque chose qui remuait. Après avoir coulé à fond le chasse-marée, je dirigeai le vaisseau vers l'objet qui avait attiré mon attention. Il se trouva que c'était une petite barque d'environ huit pieds de long, à fond plat, et ayant plutôt la forme d'un auge que celle d'un bateau. Elle était montée par un jeune homme d'environ dix-huit ans et un garçon d'une douzaine d'années, qui l'avaient prise pour s'amuser, et, ayant perdu un de leurs avirons, avaient été entraînés en pleine mer par la marée; ils avaient été trente-

---

(1) Lunette des marins.

six heures sans boire ni manger, et
n'ayant qu'un seul aviron et un bout de
planche qu'ils avaient façonné grossière-
ment, de manière à remplacer celui qu'ils
avaient perdu. Ils étaient épuisés de fati-
gue et avaient les mains tout écorchées.
Quand nous les recueillîmes, il régnait
une forte brise venant du côté de terre;
de sorte qu'on ne peut douter qu'ils auraient péri, si la Providence ne nous eût
pas envoyés à leur secours. Je les gardai
à bord deux ou trois jours pour rétablir
leurs forces, et je les mis à terre avec leur
barque près de leur village, à la grande
joie et l'extrême surprise de leurs parens
et de leurs voisins.

Le 1ᵉʳ. juillet, nous parlâmes à un bâtiment sortant de Rochefort. Le capitaine
nous apprit que les frégates mouillées
dans la rade de l'île d'Aix avaient embarqué leurs poudres, et étaient en tout prêtes à prendre la mer. Il nous dit également que plusieurs hommes en habit

bourgeois, et quelques dames qu'on supposait faire partie de la suite de Bonaparte, étaient arrivés à l'île d'Aix; enfin,
qu'il n'y avait guère de doute qu'il n'eût
l'intention de s'échapper avec les frégates,
si la chose était possible.

Aussitôt que j'eus reçu cet avis, je vins
jeter l'ancre aussi près des bâtimens français que les batteries me le permettaient;
je fis faire toute la nuit des rondes par mes
canots, et je disposai mon vaisseau pour
le genre d'action où je jugeais probable
qu'il serait engagé. J'exerçai d'une manière particulière une centaine d'hommes
les plus forts de mon équipage, et que je
tirai de tous les postes du vaisseau, parce
que mon intention était, après avoir fait
taire le feu d'une des frégates, de l'aborder
de long en long avec le *Bellerophon*, de
jeter à bord ces cent hommes, et, les lais-
sant à la charge de mon premier lieutenant, de donner chasse à l'autre.

La *Phœbe* nous joignit dans la soirée,

ramenant mon canot. Le capitaine Hillyar ayant ordre de stationner au large de la rivière de Bordeaux, je rappelai le *Myr-midon* que j'avais détaché pour ce service.

Le 7 juillet, je reçus une lettre de sir Henry Hotham avec de nouveaux ordres, dont voici des extraits :

Extrait d'une lettre du contre-amiral sir Henry Hotham, adressée au capitaine Maitland, commandant le vaisseau de Sa Majesté Britannique le Bellerophon, *et datée de la baie de Quiberon, le 6 juillet* 1815.

« Il est impossible de dire lequel des renseignemens, concernant la fuite de Bonaparte, peut être exact ; mais, dans l'incertitude, il est à propos d'accorder à tous un certain degré de confiance. Celui d'après lequel j'agis en ce moment m'est parvenu ce matin de la part du chef qui commande les royalistes entre la Loire et la Vilaine.

» Quoique le *Bellerophon* fût assez fort pour obtenir l'avantage sur les frégates françaises mouillées près de l'île d'Aix, si elles vous offraient l'occasion de les combattre à la fois, vous ne sauriez les arrêter toutes deux, si elles se séparaient ; je désire, par conséquent, que vous ayez une frégate avec vous. C'est pourquoi, s'il s'y en trouve quelqu'une en ce moment, gardez-la pour le temps que j'ai spécifié ; mais si vous n'avez pas de frégate, et que cette lettre vous soit apportée par une corvette de vingt canons, conservez-la avec vous le temps prescrit : elle pourra se maintenir en vue d'une frégate française, quoiqu'elle ne puisse l'arrêter.

» Si cette lettre vous est remise par lord John Hay, commandant l'*Opossum*, ne retenez point ce bâtiment, parce que, à raison de sa faiblesse, il ne pourrait vous être d'aucune utilité, et que j'ai *particulièrement* besoin de cet officier pour visiter les bâtimens sortans de la Loire. »

Extrait d'un ordre du contre-amiral sir Henry Hotham, adressé au capitaine Maitland, commandant le vaisseau du Sa Majesté Britannique le Bellerophon, et daté du Superb, dans la baie de Quiberon, le 6 juillet 1815.

« Ayant été informé ce matin qu'on croyait que Napoléon Bonaparte s'était mis en route de Paris pour Rochefort, afin de s'y embarquer pour les États-Unis d'Amérique, je dois vous prescrire d'employer tous vos efforts pour l'empêcher de s'échapper sur l'une ou l'autre des frégates mouillées en rade de l'île d'Aix. A cet effet, vous devrez, nonobstant des ordres antérieurs, retenir pour dix jours toute frégate qui, au reçu de la présente lettre, pourra se trouver de compagnie avec le vaisseau que vous commandez, afin d'être à même d'intercepter les deux frégates françaises en cas qu'elles prennent la mer ensemble. Si vous n'avez pas de frégate avec vous, gardez pendant dix jours le bâtiment qui vous apportera cette lettre (et qui sera probablement le *Slaney* ou le *Cyrus*), et laissez-le ensuite continuer sa route, conformément aux ordres que le capitaine aura reçus de moi. »

Le *Slaney* m'apporta la lettre et l'ordre dont je viens de donner des extraits. N'ayant point de frégate avec moi, je retins ce bâtiment sous mes ordres; cependant le 8 je l'ai expédié par la passe de Maumusson avec des ordres pour le capitaine Green de la *Daphne*, et il ne revint que dans la soirée du 11.

Le 8 juillet, un chasse-marée m'apporta une lettre de sir Henry Hotham dont je transcris une partie.

*Extrait d'une lettre du contre-amiral sir Henry
Hotham, adressée au capitaine Maitland, commandant le vaisseau de Sa Majesté Britannique
le* Bellerophon, *et datée du* Superb, *dans la
baie de Quiberon, le 7 juillet* 1815.

« Ayant expédié de cette baie tous les
bâtimens qui s'y trouvaient, pour tâcher
d'intercepter Bonaparte, je suis obligé de
vous envoyer cette lettre par le chasse-marée qui a été employé à mes communications avec les royalistes. Je vous écris pour
vous instruire qu'hier soir après le départ
de l'*Opossum*, le *Ferret* m'a informé de la
part de lord Keith que le gouvernement
de sa majesté avait reçu, dans la nuit du 3o,
une demande adressée par les chefs de la
France, à l'effet d'obtenir un passe-port
et un sauf-conduit pour que Bonaparte
pût se rendre en Amérique. Une réponse
négative a été faite à cette demande, et en
conséquence lord Keith ordonne de redoubler de vigilance pour intercepter Bonaparte. Toutefois la même incertitude

subsiste à l'égard du lieu où il s'embarquera ; et bien qu'il paraisse, d'après les mesures adoptées chez nous, qu'on s'attend à ce qu'il mette à la voile d'un des ports du nord, mon opinion est qu'il partira de quelque port du midi, et je pense que les renseignemens que je vous ai envoyés hier par l'*Opossum* se trouveront vraisemblablement exacts, savoir que Bonaparte a pris la route de Rochefort, et que probablement il s'embarquera sur une des frégates mouillées sous l'île d'Aix. Par cette raison, je désire extrêmement que vous ayez sous vos ordres une force capable de les arrêter toutes deux, parce que le *Bellerophon* ne saurait en prendre qu'une si elles se séparaient, et que ce pourrait bien être celle à bord de laquelle ne serait point Bonaparte. Je n'ai pas de frégate à vous envoyer. Si quelqu'une vient à me rallier à temps, je vous l'enverrai, et j'espère que vous avez avec vous *deux* corvettes de vingt canons.

J'imagine, d'après ce que vous me dites dans la lettre qu'a apportée votre canot, que vous n'avez pas retenu l'*Endymion*, surtout le *Myrmidon* vous ayant rejoint, en vertu des ordres que j'ai expédiés par la *Phœbe* pour que sir John Saint-Clair prît sa place au large de Maumusson. Je compte donc que mon dernier ordre adressé au capitaine Hope ne vous aura pas privé de son assistance, et j'espère qu'il l'aura mis en meilleure position qu'auparavant. La *Liffey* est à soixante-dix ou quatre-vingts milles à l'ouest de Bordeaux, et le *Pactolus*, après avoir débarqué quelques personnes dans la Gironde, se rendra au large du cap Finistère où est déjà allé le *Swiftsure*. Beaucoup de bâtimens sont en observation dans la Manche et à la hauteur d'Ouessant.

» Bonaparte n'est certainement pas encore parti; je présume qu'il a dû naturellement attendre la réponse de notre gouvernement, qui n'a été expédiée de Londres

que le 1ᵉʳ. Mon opinion est qu'il partira
avec une force capable de lui offrir une espèce de sûreté, ou sur un bâtiment marchand pour ne pas éveiller de soupçons.

» Les ordres de l'amirauté, que j'ai reçus hier soir, sont que les bâtimens chargés d'épier Bonaparte doivent continuer
ce service jusqu'à nouvel ordre, ou jusqu'à ce qu'on sache qu'il est pris, et n'avoir
aucun égard au terme de dix ou quinze
jours qui avait été fixé en premier lieu.
Vous vous gouvernerez donc en conséquence, et vous retiendrez tous les bâtimens que vous aurez auprès de vous,
jusqu'à ce qu'un de ces événemens ar-
rive, sans tenir compte du terme de dix
jours, mentionné dans la lettre que je
vous ai adressée hier par l'*Opossum*. Faites part de ces ordres à tous les bâtimens
avec lesquels il vous arrivera de communiquer. Les renseignemens que vous
m'avez fait passer et qui vous avaient été
transmis de Bordeaux, sont maintenant

reconnus faux ; par la raison que nous
savons positivement que Bonaparte était
encore à Paris le 3o, et que ce papier a
dû être écrit le 29, puisque vous l'avez
reçu le 3o. L'*Eridanus* ne vous ralliera
pas ; ce bâtiment a été stationné par lord
Keith au large de Brest.

» Faites-moi connaître, entre autres
choses, par le retour du chasse-marée,
quels bâtimens vous avez avec vous, où
sont, autant que vous pouvez le savoir,
les autres bâtimens, et quelle position vous
occupez. Si vous avez assez de bâtimens
pour garder la rade des Basques, ainsi
que le chenal entre l'île d'Oleron et le
grand banc (où une frégate peut passer), vous serez sûr de les maintenir à
leur poste en les faisant mouiller; mais
cela vous donnerait peu de chances de
prendre Bonaparte, ce qui est la chose
qu'on désire. C'est pourquoi je pense que
vous seriez mieux au large du Phare (1),

____

(1) Probablement celui de la tour de Chassiron.

où je compte que vous vous tenez. Au reste, je ne crois pas nécessaire de vous donner d'instructions sur ce point particulier, parce que c'est à vous d'employer
les meilleurs moyens pour intercepter le
fugitif de la captivité duquel paraît dé-
pendre le repos de l'Europe. S'il vient à
être pris, il doit m'être amené dans cette
baie, parce que j'ai des ordres pour disposer de sa personne. On devra le transférer du bâtiment à bord duquel on pourra
le trouver sur un des vaisseaux de sa majesté. »

Rien d'important n'arriva le 9; mais le
10, au point du jour, l'officier de quart
m'informa qu'une petite goëlette, partie
du mouillage de la division française, se
dirigeait vers le vaisseau. J'ordonnai de
disposer tout pour être prêt à mettre sous
voile et à donner chasse à tout bâtiment

---

bâtie sur la pointe septentrionale de l'île d'Oléron.
(*Note du traducteur.*)

qui appareillerait, supposant que celui qui venait à nous avait été envoyé à la découverte. En approchant, la goëlette arbora pavillon de parlementaire, et, à sept heures du matin, elle se trouvait le long du vaisseau. C'était la *Mouche*, aviso attaché aux bâtimens de guerre mouillés en rade de l'île d'Aix. Elle avait à bord le général Savary, duc de Rovigo, et le comte Las Cases, chambellan de Bonaparte. Ces messieurs étaient chargés d'une lettre du comte Bertrand, grand-maréchal du palais, adressée à l'amiral commandant les croisières anglaises devant le port de Rochefort.

Peu après l'arrivée de la *Mouche*, je fus rallié par le *Falmouth*, qui m'apportait une lettre et des ordres secrets de sir Henry Hotham. Afin de faire mieux comprendre ce qui suit, je vais en donner quelques extraits, avant d'entrer dans les détails de ce qui se passa avec les serviteurs de Bonaparte.

Extrait d'une lettre du contre-amiral sir Henry Hotham, adressée au capitaine Maitland, commandant le vaisseau de Sa Majesté Britannique le Bellerophon, *sans date, mais devant avoir été écrite le 8 juillet* 1815.

« Je vous ai envoyé hier un chasse-marée avec une lettre. Vous recevrez par le *Falmouth, officiellement*, les ordres dont je vous parle dans cette lettre.

» Je vous envoie quatre journaux français de fraîche date et très-intéressans. vous y verrez tout ce qui a été fait et dit pour pourvoir à l'évasion de Bonaparte; Vous verrez que le ministre de la marine a reçu ordre de préparer des bâtimens de guerre pour cet objet, qu'on les a mis à la disposition de Bonaparte, et que deux frégates en particulier out été disposées pour lui et sa suite. On y lit également qu'on a annoncé aux deux Chambres qu'il avait quitté Paris le 29 juin à quatre heures du matin, et qu'on croyait à Paris qu'il avait pris la route de Rochefort par Orléans. D'après cela, je ne doute point que les deux frégates, en rade de l'île d'Aix, ne soient destinées pour lui. J'espère que vous le penserez de même, et que vous emploierez tous vous efforts pour l'intercepter. Je suis fâché de n'avoir pas une frégate à vous envoyer ; je n'en ai, à la lettre, aucune sous mes ordres, excepté l'*Endymion*. Le capitaine Paterson est stationné au large de Brest, par ordre de lord Keith. La *Phœbe* a également ordre de venir prendre cette station quand l'*Hebrus* arrivera au large de l'embouchure de la Gironde.

» On paraît chez nous tourner principalement l'attention vers les ports de la Manche ; mais je n'ai reçu aucun renfort pour garder ceux de la *Baie* (1). J'attends depuis long-temps une frégate de la station d'Irlande ; mais aucune ne s'est en-

----

(1) Le golfe de Gascogne, que les Anglais appellent la baie de Biscaye.   (*Note du traducteur.*)

core fait apercevoir. J'ai écrit à lord Keith
pour avoir deux frégates; mais je crains
qu'elles ne puissent me rallier à temps. »

*Extrait d'un ordre du contre-amiral sir Henry
Hotham, adressé au capitaine Maitland, commandant le vaisseau de Sa Majesté Britannique le* Bellerophon, *et daté du* Superb, *dans la
baie de Quiberon, le 8 juillet* 1815.

« Les lords commissaires de l'amirauté
ayant tout lieu de croire que Napoléon
Bonaparte médite de s'évader de France
en Amérique avec sa famille, il vous est
enjoint par le présent ordre, conforme à
ceux de leurs seigneuries, et qui m'a été
signifié par le très-honorable vicomte
Keith, amiral, etc., d'exercer la vigilance
la plus active à l'effet de l'intercepter, et
de faire les plus strictes recherches à bord
de tout bâtiment que vous rencontrerez.
Si vous êtes assez heureux pour l'intercepter, vous devrez le transférer avec sa famille sur le vaisseau que vous comman-

dez, l'y tenir sous bonne et sûre garde, et revenir avec toute la diligence possible au port d'Angleterre le plus voisin (allant à Torbay de préférence à Plymouth). A votre arrivée, vous interdirez toute communication avec la terre, excepté comme il est ordonné ci-après; et, sous votre responsabilité personnelle, vous ferez en sorte que le plus profond secret soit gardé sur toute l'affaire, jusqu'à ce que vous receviez des ordres ultérieurs des lords de l'amirauté.

» Dans le cas où vous arriveriez dans un port où il y a un amiral, vous l'informeriez de tout, en recommandant strictement à l'officier porteur de votre lettre, de n'en point divulguer le contenu. S'il n'y avait pas d'amiral, vous devriez envoyer une lettre par courrier extraordinaire au secrétaire de l'amirauté et une autre à l'amiral vicomte Keith, avec la plus stricte injonction aux officiers porteurs de ces lettres, de garder le plus profond secret sur toutes choses. »

MM. Savary et Las Cases, que la goëlette avait amenés à mon bord, le 10 juillet, à sept heures du matin, me présentèrent la lettre suivante :

A monsieur l'amiral commandant les croisières devant Rochefort.

« Le 9 juillet 1815.

« Monsieur l'amiral,

» L'Empereur Napoléon ayant abdiqué le pouvoir, et choisi les États-Unis d'Amérique pour s'y réfugier, s'est embarqué sur les deux frégates qui sont dans cette rade, pour se rendre à sa destination. Il attend le sauf-conduit du gouvernement anglais, qu'on lui a annoncé; ce qui me porte à expédier le présent parlementaire, pour vous demander, monsieur l'amiral, si vous avez connaissance dudit sauf-conduit; ou si vous pensez qu'il soit dans l'intention du gouvernement anglais de mettre de l'empêchement à notre voyage aux États-Unis. Je vous serai extrêmement obligé de me donner là-dessus les renseignemens que vous pouvez avoir.

» Je charge les porteurs de la présente lettre de vous faire agréer mes remercî-mens et mes excuses, pour la peine qu'elle a pu vous donner.

» J'ai l'honneur d'être,

» Monsieur l'amiral,

» De votre excellence, etc., etc.,

» *Le grand-maréchal*,

» Comte BERTRAND. »

Les porteurs de cette lettre avaient ordre de me demander, si j'empêcherais Bonaparte de partir sur un bâtiment neutre, dans le cas où je ne pourrais permettre aux frégates de passer, l'une d'elles l'ayant à son bord. Mes ordres m'enjoignant le secret le plus absolu, et sentant que les forces que j'avais à ma disposition sur les côtes étaient insuffisantes pour garder les différens ports et passages d'où l'on pouvait s'échapper, surtout si l'on adoptait le plan de mettre en mer sur un petit bâtiment, je répondis comme on va le voir à la lettre ci-dessus, espérant par ce moyen engager Napoléon à attendre la réponse de l'amiral, ce qui donnerait le temps à des renforts de m'arriver.

Au grand-maréchal, comte Bertrand.

« A bord du vaisseau de S. M. B. le *Bellerophon*, devant Rochefort, le 10 juillet 1815.

« Monsieur,

» J'ai reçu votre lettre datée d'hier et adressée à l'amiral commandant les croisières anglaises devant Rochefort, par laquelle vous m'annoncez que l'empereur ayant abdiqué le trône de France, et choisi les États-Unis d'Amérique pour s'y réfugier, s'est embarqué sur les deux frégates en rade de l'île d'Aix pour se rendre à sa destination, et attend un sauf-conduit du gouvernement anglais; et vous demandez si j'ai connaissance dudit sauf-conduit, ou si je pense qu'il soit dans l'intention du gouvernement anglais d'empêcher le voyage de l'empereur.

» En réponse à cette lettre, je dois vous informer que je ne saurais dire quelles peuvent être les intentions de mon gouvernement; mais, les deux pays étant présentement en état de guerre, il m'est impossible de permettre de prendre la mer à aucun bâtiment de guerre sortant du port de Rochefort.

» Quant à la proposition faite par le duc Rovigo et le comte Las Cases de laisser partir l'empereur sur un bâtiment marchand, il n'est pas en mon pouvoir, sans la sanction de mon chef, le contre-amiral sir Henry Hotham qui se trouve à présent dans la baie de Quiberon, et à qui j'ai

adressé votre dépêche, de laisser passer
aucun bâtiment, sous quelque pavillon
que ce soit, avec un personnage d'autant
de conséquence.

» J'ai l'honneur d'être,

» Monsieur,

» Votre très-humble serviteur,

» FRED. L. MAITLAND,

Capitaine du vaisseau de S. M. B. le *Bellerophon.* »

Le duc de Rovigo et le comte Las Cases
demeurèrent à bord deux ou trois heures.
Pendant ce temps, je m'entretins beaucoup avec eux sur l'état des affaires en
France. Dans le cours de la conversation,
ils firent tout leur possible pour m'incul-
quer l'idée que Bonaparte n'était pas réduit
à la nécessité de quitter l'Europe, et qu'en
le faisant il n'était mû que par des motifs
d'humanité, ne voulant pas, disaient-
ils, qu'une nouvelle effusion de sang eût
lieu à cause de lui. Ils déclarèrent aussi
que son parti était encore très-formidable

dans le centre et dans le midi de la France ;
que, d'après cela, s'il voulait prolonger la
guerre, il pourrait encore donner beaucoup de peine à ses ennemis ; et que, bien
qu'il ne fût pas probable qu'il finît par
triompher, il était encore possible que la
fortune tournât en sa faveur ; en conséquence, ils soutenaient qu'il était de l'intérêt de l'Angleterre de le laisser aller en
Amérique.

A tout cela je ne pouvais répondre
que très-peu de chose, ignorant tout-à-
fait ce qui s'était passé en France, excepté
qu'une victoire complète avait été rem-
portée par le duc de Wellington à Waterloo. Pendant le temps que ces messieurs étaient avec moi, je reçus de sir
Henry Hotham quelques journaux français ; mais mon temps était trop entièrement occupé par ma correspondance
avec cet amiral, à qui j'écrivais alors, et
par ma conversation avec les deux envoyés
de Bonaparte, pour pouvoir jeter les yeux

sur ces feuilles. Je ramenai donc l'entretien sur le sujet qui m'avait procuré la visite de ces messieurs, et je leur dis :

« En supposant que le gouvernement
anglais se déterminât à accorder un sauf-
conduit pour que Bonaparte se rendît en
Amérique, quel gage donnerait-il qu'il
n'en reviendrait point pour exposer l'Angleterre et l'Europe aux mêmes sacrifices
de sang et de richesses qu'elles ont déjà
eu à supporter ? »

Le général Savary me fit la réponse
suivante : « Quand l'empereur abdiqua
la première fois, il fut éloigné du trône
par une faction à la tête de laquelle était
Talleyrand, et l'opinion nationale ne fut
pas consultée; mais, dans le cas présent,
il a volontairement renoncé au pouvoir.
L'influence qu'il exerça autrefois sur le
peuple français est usée, un changement très-considérable a eu lieu dans les
sentimens qu'on lui portait, depuis qu'il
est allé à l'île d'Elbe, et il ne pourrait ja-

mais regagner le pouvoir qu'il avait sur l'esprit des Français. C'est pourquoi il préférerait se retirer dans quelque retraite obscure, où il finirait ses jours au sein du repos et de la tranquillité; et si on le sollicitait de remonter sur le trône, il le refuserait. »

« S'il en est ainsi, repris-je, pourquoi ne pas demander un asile en Angleterre? » On me répondit : « Il y a bien des raisons pour qu'il ne souhaite pas de résider en Angleterre; le climat est trop humide et trop froid; votre pays est trop près de la France : il serait pour ainsi dire au centre de tout changement et de toute révolution qui pourrait y arriver, et il serait en butte aux soupçons. Il a été accoutumé d'ailleurs à considérer les Anglais comme ses ennemis les plus invétérés, et, de leur côté, on leur a appris à le regarder comme un monstre dépourvu de toutes les vertus qui ennoblissent l'espèce humaine.

Cette conversation avait lieu pendant que j'écrivais mes dépêches à sir Henry Hotham. Les deux Français se promenaient dans la chambre, m'interrompant fréquemment pour me démontrer que la situation de Bonaparte n'était pas aussi désespérée qu'on pouvait le supposer ; ce qui me fit prendre la liberté de tirer une conclusion tout-à-fait opposée à celle qu'ils voulaient imprimer dans mon esprit.

Le capitaine Knight, commandant du *Falmouth*, qui porta mes dépêches à l'amiral, fut présent pendant toute cette conversation, mais n'y prit point part. Telle fut la première notion certaine que je reçus de la position de Bonaparte, depuis la bataille de Waterloo.

Le 11, vers midi, un petit bateau parti de l'île d'Oléron, vint à bord du vaisseau qui était à l'ancre dans la rade des Basques. Il était conduit par quatre rameurs, et portait deux campagnards d'un extérieur respectable, qui demandèrent

le capitaine. Lorsqu'on m'eut indiqué à
eux, ils demandèrent à me parler en particulier. Je les fis entrer dans la chambre de
conseil, où je les suivis accompagné du capitaine Gambier, commandant le *Myrmidon*. Ils me dirent que, de très-grand
matin, on avait envoyé, de l'île d'Aix, chercher un homme qu'on regardait comme
le meilleur pilote pour la passe de Maumusson, et qui était le seul qui y eût jamais
fait passer une frégate; qu'on lui avait of-
fert une grosse somme d'argent pour pi-
loter un bâtiment par cette passe, et que
Bonaparte avait certainement l'intention
de s'échapper par-là, soit sur une corvette
qui s'était avancée quelques jours auparavant dans la passe, soit sur un brick danois
qui était alors à l'ancre près de l'entrée.
Aussitôt que j'eus reçu cet avis, je mis
sous voile, et quoique le flot (1) eût

(1) Le flux ou le courant qui règne quand la mer
monte et vient généralement du large sur cette côte.

(Note du traducteur.)

commencé à se faire sentir, je parvins à faire sortir mes bâtimens du pertuis d'Antioche, avant la nuit. J'expédiai alors le *Myrmidon* au large de Maumusson, avec l'ordre de jeter l'ancre tout près de l'entrée, aussitôt que le temps le permettrait, tandis que le *Bellerophon* et le *Slaney*, qui me rallia le soir même, demeurèrent sous voile entre les deux phares (1).

Le 12, le *Cyrus* étant en vue au large, je lui ordonnai, par signaux télégraphiques, de prendre position tout près et en dedans de la tour de la Baleine, et de visiter strictement tout bâtiment qui tenterait de gagner la mer par le pertuis Breton, attendu que Bonaparte était sur les lieux et cherchait à s'enfuir en Amérique.

Le même soir, le drapeau blanc se fit apercevoir pour la première fois sur les

____

(1) Ceux des tours de la Baleine et de Chassiron.
(*Note du traducteur.*)

tours de La Rochelle. D'après cela, je crus de mon devoir d'entrer dans la rade des Basques accompagné du *Slaney*; et ayant jeté l'ancre, j'arborai, en tête du grand mât de perroquet, les couleurs des Bourbons, et je tirai une salve royale. Quoi qu'il en soit, pendant toute l'après-midi, deux pavillons tricolores continuèrent de flotter dans le port de La Rochelle; et, avant le coucher du soleil, tous les drapeaux blancs avaient été amenés et remplacés par ceux de Bonaparte.

Le 13, il n'arriva rien d'important, excepté que le drapeau blanc fut arboré de nouveau dans toute La Rochelle ainsi que sur l'île d'Oléron, et qu'on n'aperçut plus un seul pavillon tricolore. Nous vîmes clairement que les frégates, dont nous n'étions éloignés que d'environ trois milles, étaient parfaitement prêtes à prendre la mer si l'occasion s'en présentait; elles avaient leur poupe couverte de légumes verts et d'herbes potagères,

leurs vergues de perroquet en croix, leurs
drisses de bonnettes passées, et quantité
de canots furent en mouvement toute la
journée entre l'île et les frégates; toutes
choses bien connues des marins comme
indiquant qu'on se prépare à mettre en
mer.

En conséquence, je tins les bâtimens
sous mon commandement, avec des
bouées sur leurs câbles, prêts à les filer
par le bout; et aussitôt la brune venue,
je fis hisser les huniers et les perroquets
à tête de mât, mettre toutes les voiles sur
fil de carret, et préparer tout pour pouvoir appareiller dans un instant. Je fis
faire, pendant la nuit, des rondes aussi
près que possible des frégates par des canots armés, qui devaient me faire un signal convenu dans le cas où l'ennemi
mettrait sous voile.

Le 14, au point du jour, l'officier de
quart vint m'annoncer que la *Mouche*
sortait de la rade de l'île d'Aix avec un pa-

villon parlementaire. J'ordonnai de la recevoir. Je crois nécessaire de mentionner ici que le pavillon parlementaire employé par les Anglais, qui est un pavillon blanc arboré à la tête du petit mât de perroquet, et qu'on arbora, comme de raison, quand Bonaparte fut reçu à bord, a été pris par quelques personnes pour le pavillon des Bourbons, et interprété comme une insulte faite de dessein prémédité à Bonaparte. Jamais je n'eus l'intention (et je ne crois pas que jamais aucun officier anglais eût pu l'avoir) d'insulter à un ennemi tombé, et , moins qu'à tout autre, à un homme qui avait montré assez de confiance pour se placer sous la protection de son ancien ennemi.

Lorsque la *Mouche* fut arrivée auprès du vaisseau, le comte Las Cases monta à bord, suivi du général comte Lallemand. Cette entrevue fut très-intéressante pour moi, Lallemand ayant été prisonnier pendant trois semaines à bord du *Ca-*

méléon, que je commandais sur les côtes de l'Égypte. Il était alors aide-de-camp de Junot, qui se trouvait également prisonnier à mon bord. Le général Savary, qui avait accompagné le comte Las Cases lors de sa première visite au *Belle-rophon*, avait vécu à peu près autant de temps avec moi à la table de sir Sydney Smith, au camp turc d'El Arish, lorsqu'on discutait la Convention qui reçut le nom de cet endroit. Savary était aide-de-camp du général Desaix qui négociait pour les Français.

Pendant que les deux nouveaux envoyés de Bonaparte se rendaient de la *Mouche* sur le *Bellerophon*, je fis signal au capitaine du *Slaney* de revenir à mon bord, désirant avoir un témoin de tout ce qui se passerait, nos communications devant principalement être verbales. Il arriva pendant que nous déjeunions.

Lorsque le comte Las Cases vint sur le gaillard d'arrière, il me dit qu'il était envoyé pour apprendre si j'avais reçu une réponse de l'amiral à la lettre qu'il avait apportée le 10. Je répondis que je n'avais pas reçu de réponse de l'amiral ; mais qu'en conséquence de la dépêche que je lui avais adressée, je ne doutais pas qu'il n'arrivât bientôt et que je l'attendais d'heure en heure. J'ajoutai : « Si c'est là la seule raison que vous aviez pour envoyer un parlementaire, c'était tout-à-fait inutile, puisque je vous avais dit, la première fois que vous vîntes ici, que la réponse de l'amiral, lorsqu'elle arriverait, serait portée aux frégates par un canot du *Bellerophon*; et je n'approuve pas les fréquentes communications avec l'ennemi au moyen de parlementaires. » J'entrai ensuite dans la chambre, et j'ordonnai de servir à déjeuner pour éviter toute discussion ultérieure, jusqu'à l'arrivée du capitaine Sartorius.

Quand le déjeuner fut fini, nous passâmes dans la chambre de conseil. Le comte Las Cases me dit alors : « L'empereur a tellement à cœur de prévenir une nouvelle effusion de sang, qu'il se rendra en Amérique de toute manière que le gouvernement anglais approuvera, sur un bâtiment de guerre français, sur un vaisseau armé en flûte, sur un navire marchand, ou même sur un bâtiment de guerre anglais. »

Je répondis : « Je ne suis autorisé à acquiescer à aucun arrangement de cette nature, et je ne crois pas que mon gouvernement y consente; mais je pense que je puis me hasarder à le recevoir à bord de ce vaisseau et à le conduire en Angleterre. Toutefois, ajoutai-je, s'il adopte ce plan, je ne puis faire aucune promesse relativement à l'accueil qu'il pourra recevoir, puisque, dans le cas que je viens de supposer, j'agirai sous ma propre responsabilité, et je ne suis pas assuré que ma conduite obtienne l'approbation du gouvernement anglais. »

Nous eûmes sur ce sujet une longue conversation dans laquelle on cita le nom de Lucien Bonaparte, et on rappela la manière dont il avait vécu en Angleterre; mais je ne cessai d'affirmer en termes très-explicites que je n'avais nulle autorisation pour régler des conditions d'aucune espèce concernant la réception de Napoléon en Angleterre. Le fait est que je n'aurais pu agir autrement, puisque, à l'exception de l'ordre dont j'ai donné un extrait, page 27, je n'avais aucune instruction pour me guider, et je me trouvais par conséquent dans une ignorance complète de l'intention des ministres de Sa Majesté, relativement à la disposition ultérieure de la personne de Bonaparte.

Une des dernières choses que dit le comte Las Cases, avant de quitter le vaisseau, fut : « Dans tous les cas, je n'ai guère de doute que vous ne voyez l'empereur à bord du *Bellerophon*. » Et dans le fait, Bonaparte devait s'être déterminé à

prendre ce parti, avant que M. Las Cases
ne vînt à bord, puisque sa lettre au prince
régent est datée du 13 juillet, veille de
cette conversation.

Dans le courant de l'entretien que je
viens de rapporter, je demandai à M. Las
Cases où était Bonaparte en ce moment.
« A Rochefort, répondit-il, je l'y ai laissé
hier au soir. » Le général Lallemand dit
ensuite : « Il loge à l'hôtel sur la grande
place. Il est maintenant si populaire dans
la ville, que les habitans s'assemblent
tous les soirs devant la maison, pour le
voir et crier *Vive l'empereur!* »

Je demandai alors combien il leur faudrait de temps pour retourner à Rochefort. M. Las Cases répondit : « Comme la
marée sera contraire, il nous faudra cinq
ou six heures. Je ne saurais dire pourquoi
ces fausses assertions furent faites; mais
il est très-certain que Bonaparte ne quitta
jamais les frégates ou l'île d'Aix, depuis
le 3 juillet, jour de son arrivée.

Le général Lallemand me demanda, dans la conversation, si je pensais qu'il y eût quelque risque, pour les personnes qui accompagneraient Bonaparte, d'être livrées par nous au gouvernement de France. « Certainement non, répondis-je ; le gouvernement anglais ne pourrait jamais avoir la pensée d'en agir ainsi, dans les circonstances qui accompagneraient l'arrangement dont il s'agit. »

Ces messieurs me quittèrent vers neuf heures et demie. Dans la journée, je fus rallié par le *Myrmidon*, capitaine Gambier. Ce bâtiment m'avait été expédié par le capitaine Green de la *Daphne* avec une lettre que ce dernier avait reçue du capitaine Aylmer, commandant le *Pactolus* dans la Gironde. On disait dans cette lettre que Bonaparte avait l'intention de s'évader de Rochefort, sur un bâtiment danois, en se cachant dans une barrique arrimée parmi le lest, et ayant des tubes disposés de manière à ce qu'il pût respirer.

Je demandai par la suite au général Savary si ce bruit avait quelque fondement. Il me dit qu'on avait pensé au projet en question, et que le bâtiment avait été préparé jusqu'à un certain point ; mais qu'on avait considéré l'entreprise comme trop hasardeuse, parce que, dans le cas où nous aurions retenu le bâtiment pendant un jour ou deux, Bonaparte aurait été obligé de faire connaître sa situation, et aurait par-là perdu tous droits aux bons traitemens qu'il espérait s'assurer par une reddition volontaire.

Les deux capitaines dînèrent avec moi, et ensuite se rendirent à bord du *Myrmidon* pour prendre une position au nord-est du *Bellerophon*, afin d'empêcher les bâtimens de passer près de terre, et de rendre ainsi le blocus du port plus complet.

Peu de temps après qu'ils m'eurent

quitté, on aperçut un grand canot qui venait des frégates et se dirigeait vers le *Bellerophon* avec un pavillon parlementaire. Je rappelai alors par signal les capitaines Gambier et Sartorius, afin qu'ils fussent présens à toute conférence qui pourrait avoir lien.

Le canot arriva à bord vers sept heures, portant le comte Las Cases, accompagné du général baron Gourgaud, l'un des aides de camp de Bonaparte. A leur arrivée sur le pont, j'adressai sur-le-champ la parole à M. Las Cases en lui disant : « Il est impossible que vous soyez allé à Rochefort et revenu depuis que vous m'avez quitté ce matin. » Il répondit : « Cela n'était pas nécessaire ; à mon arrivée à l'île d'Aix, j'y ai trouvé l'empereur. » Il me dit alors qu'il était chargé d'une lettre du général Bertrand. Nous entrâmes dans la chambre, et il me remit la lettre suivante :

A monsieur le commandant des croisières devant Rochefort.

« Le 14 juillet 1815.

« Monsieur le commandant,

» M. le comte Las Cases a rendu compte à l'empereur de la conversation qu'il a eue ce matin à votre bord. Sa Majesté se rendra à la marée de demain, vers quatre ou cinq heures du matin, à bord de votre vaisseau. Je vous envoie monsieur le comte Las Cases, conseiller d'État, faisant fonction de maréchal de logis, avec la liste des personnes composant la suite de Sa Majesté. Si l'amiral, en conséquence de la demande que vous lui avez adressée, vous envoie le sauf-conduit demandé pour les États-Unis, Sa Majesté s'y rendra avec plaisir ; mais, au défaut du sauf-conduit, il se rendra volontiers en Angleterre, comme simple particulier, pour y jouir de la protection des lois de votre pays.

» Sa Majesté a expédié monsieur le maréchal de camp baron Gourgaud auprès du prince régent, avec une lettre, dont j'ai l'honneur de vous envoyer copie, vous priant de la faire passer au ministre auquel vous croyez nécessaire d'envoyer cet officier général, afin qu'il ait l'honneur de remettre au prince régent la lettre dont il est chargé.

» J'ai l'honneur d'être,

» Monsieur le commandant,

» Votre très-humble, etc.,

» *Le grand-maréchal,*

» Comte BERTRAND. »

A cette lettre était jointe une liste des personnes qui devaient accompagner Bonaparte. En voici une copie exacte :

Liste des personnes composant la suite de Napoléon Bonaparte, avec la manière dont elles furent réparties pendant la traversée de Rochefort en Angleterre.

BELLEROPHON.

Généraux.

Le lieutenant général comte Bertrand, grand maréchal.

Le lieutenant général duc de Rovigo.

Le lieutenant général baron Lallemand, aide de camp de Sa Majesté.

Le maréchal de camp comte de Montholon, aide de camp de Sa Majesté.

Le comte Las Cases, conseiller d'état.

Dames.

Madame la comtesse Bertrand.

Madame la comtesse de Montholon.

Enfans.

Trois enfans de madame la comtesse Bertrand.

Un enfant de madame la comtesse de Montholon.

Officiers.

M. Planat, lieutenant colonel.
M. Maingaud, chirurgien de Sa Majesté.
M. Las Cases, page.

Service de la chambre.

M. Marchand, premier valet de chambre
M. Gilli, valet de chambre.
M. Saint-Denis, *idem.*
M. Noveraz, *idem.*
M. Denis, garçon de garde-robe.

Livrée.

M. Archambaud, premier valet de pied.
M. Gaudron, valet de pied.
M. Gentilini, *idem.*

Service de la bouche.

M. Fontain, premier maître d'hôtel.
M. Piéron, chef d'office.
M. La Fosse, cuisinier.
M. Le Page, *idem.*
Deux femmes de chambre de madame la comtesse Bertrand.
Une femme de chambre de madame la comtesse de Montholon.

Suite des personnes qui accompagnent Sa Majesté.

Un valet de chambre du duc de Rovigo.
Un valet de chambre du comte Bertrand.
Un valet de chambre du comte Montholon.
Un valet de pied du comte Bertrand.

Total. . . . . 7.

Récapitulation.

Généraux. 5
Dames. 2
Enfans. 4
Officiers. 3
Service de la chambre de Sa Majesté. . 5
Livrée de Sa Majesté. 3
Service de la bouche. 4
Suite des personnes qui accompagnent
Sa Majesté. 7

Total. 33

LA CORVETTE.

Officiers.

Le lieutenant colonel Resigni.
Le lieutenant colonel Schultz.
Le capitaine Autric.
Le capitaine Mercher.

Le capitaine Piontowski.

Le lieutenant Rivière.

Le sous-lieutenant Sainte-Catherine.

Suite de Sa Majesté.

Cipriani, maître d'hôtel.

Santini, huissier.

Chauvin, *idem.*

Rousseau, lampiste.

Archambaud, valet de pied.

Joseph, *idem.*

Le Charron, *idem.*

Lisiaux, garde d'office.

Orsini, valet de pied.

Fumeau, *idem.*

Récapitulation.

Officiers. 7
Suite. 10

             Total. 17

Après avoir pris lecture de la lettre ci-
dessus, je dis à M. Las Cases que je recevrais Bonaparte à mon bord, et que je
ferais partir sur-le-champ le général Gour-

gaud pour l'Angleterre, sur le *Slaney*, avec mes dépêches pour l'amirauté ; mais qu'on ne permettrait pas à ce général de débarquer jusqu'à ce qu'on en eût reçu la permission de Londres, ou qu'on eût obtenu celle de l'amiral commandant le port où il arriverait. Je l'assurai néanmoins que copie de la lettre dont il était chargé serait envoyée sans perdre de temps, et présentée par les ministres à S. A. R. Le comte Las Cases demanda alors du papier, afin de communiquer par lettre, au général Bertrand, mon acquiescement à la proposition qu'il m'avait apportée de recevoir et de conduire en Angleterre Bonaparte et sa suite.

Au moment où le général Gourgaud allait écrire la lettre, afin de prévenir tout malentendu à une époque future, je dis : « Monsieur Las Cases, vous vous rappellerez que je ne suis pas autorisé à stipuler pour ce qui concerne la réception de Bonaparte en Angleterre, mais

qu'il doit se considérer comme entièrement à la disposition de S. A. R. le
prince régent. » M. Las Cases répondit :
« Je sais parfaitement cela, et j'ai déjà
informé l'empereur de ce que vous m'a-
vez dit sur ce sujet. »

Il aurait peut-être été mieux que
j'eusse donné à cette déclaration une
forme officielle en la faisant par écrit, et
si j'eusse prévu les discussions qui eurent
lieu plus tard, comme on le verra dans
la suite, j'en aurais agi ainsi; mais,
comme je l'avais réitérée plusieurs fois
en présence de témoins, il ne me vint pas
à l'idée que cela fût nécessaire. Quelle
preuve plus forte peut-on apporter de
l'absence de toutes stipulations, concernant la réception de Bonaparte en Angleterre, que le fait qu'elles n'ont point été
réglées par écrit? ce qui certainement
aurait eu lieu, si quelques conditions
avantageuses eussent été demandées par
M. Las Cases et agréées par moi.

Le canot français fut renvoyé bientôt après avec la lettre adressée à M. Bertrand, dont on chargea l'officier de marine qui avait accompagné M. Las Cases à bord; et, aussitôt que j'eus terminé la dépêche suivante pour le secrétaire de l'amirauté, j'expédiai le capitaine du *Slaney* pour l'Angleterre avec le général Gourgaud.

Extrait d'une lettre du capitaine Maitland, commandant le vaisseau de Sa Majesté-Britannique le Bellerophon, *adressée au secrétaire de l'amirauté, et datée de la rade des Basques, le 14 juillet 1815.*

« J'ai l'honneur de vous annoncer, afin que vous en informiez les lords commissaires de l'amirauté, que le comte Las Cases et le général Lallemand sont venus aujourd'hui à bord du vaisseau que je commande, m'apportant une proposition de la part du général Bertrand de recevoir Napoléon Bonaparte, pour remettre sa personne à la générosité du prince régent. M'y croyant autorisé par l'ordre secret de leurs seigneuries, j'ai accédé à cette proposition, et il doit s'embarquer sur ce vaisseau demain matin. Afin qu'il ne puisse y avoir aucun malentendu, j'ai déclaré clairement et explicitement, au comte Las Cases, que je n'avais nulle autorité pour accorder aucune espèce de condition; mais que tout ce que je pouvais faire était de transporter Bonaparte et sa suite en Angleterre, pour y être reçu de telle manière que S. A. R. pourrait juger convenable.

» A la demande de Napoléon Bonaparte, et pour que leurs seigneuries soient instruites aussitôt que possible de l'affaire, j'expédie le *Slaney* (avec le général Gourgaud, aide de camp de Bonaparte), ordonnant au capitaine Sartorius d'aborder au port le plus proche, et d'expédier cette lettre par son premier lieutenant. Conformément aux intentions de leurs seigneuries, il se rendra à Torbay, pour y attendre les ordres que l'amirauté jugera à propos de donner.

» Je vous transmets ci-incluse copie de la lettre dont le général Gourgaud est chargé pour S. A. R. le prince régent, et vous prie d'instruire leurs seigneuries que le général m'a informé qu'on lui avait confié d'autres détails qu'il désire communiquer à S. A. R. »

Lorsque ces messieurs furent partis, ainsi que le canot de la *Saale*, je dis à M. Las Cases que je me proposais de partager la chambre d'arrière en deux, afin que les dames en eussent une partie. « Si vous me permettez d'émettre une opinion, répondit-il, je vous dirai que l'empereur sera plus satisfait d'avoir toute la chambre de conseil pour lui, parce qu'il aime à se promener, et que par ce moyen il sera à même de prendre plus d'exercice. » Je répliquai : « Comme mon désir est de le traiter avec toute la considération possible, pendant qu'il sera à bord du vaisseau que je commande, je ferai toutes les dispositions que vous croirez pouvoir lui être le plus agréables. »

Cette conversation est la seule qui ait jamais eu lieu au sujet de la chambre, et je suis d'autant plus porté à la rapporter en détail, que, dans quelques journaux, l'on a représenté Bonaparte comme ayant pris possession du logement d'une manière fort brutale, en disant : « Tout ou rien pour moi. » Je crois donc devoir, une fois pour toutes, déclarer ici et de la manière la plus positive, que, depuis le moment de son arrivée à bord de mon vaisseau, jusqu'à celui où il le quitta, sa conduite fut constamment celle d'un *gentleman* (1), et je

______

(1) Tout le monde sait la valeur que les Anglais donnent à cette expression, qu'il faut rarement prendre dans le sens de sa traduction littérale *gentilhomme*.

(*Note du traducteur.*)

ne me rappelle pas que, dans aucune circonstance, il ait employé une expression grossière, ou se soit rendu coupable d'aucune espèce d'incivilité (1).

Comme le vaisseau avait été tenu pendant quelque temps en branle-bas de combat, toutes les cloisons démontées, il devint nécessaire, pour recevoir un si grand nombre d'hôtes, de rétablir tous les postes et cabines. Ces dispositions exigèrent du temps, et il était plus d'une heure du matin quand je pus me mettre au lit.

Vers dix heures du soir, l'officier de quart m'informa qu'un bateau arrivant de terre demandait la permission de nous

(1) L'importance de cette phrase et la variété d'acception de quelques-uns des mots qui la composent en anglais, nous portent à la transcrire ici telle qu'elle existe dans l'original.

In no one instance do I recollect him to have made use of a rude expression, or to have been guilty of any kind of ill-breeding.

(*Note du traducteur.*)

accoster. On laissa venir à bord un des hommes qui le montaient. « Je suis envoyé de la Rochelle, me dit-il, pour vous donner avis que Bonaparte a passé ce matin devant cette ville à bord d'un chasse-marée accompagné d'un autre bâtiment de la même espèce, dans le dessein de gagner la mer par le Pertuis breton. Il est actuellement dans ce passage, et compte mettre à la voile cette nuit. » Je lui répondis que je doutais de ce qu'il m'annonçait, ayant en ce moment à bord un de ses serviteurs qui était venu m'apporter une proposition de le recevoir sur mon vaisseau. Je lui demandai ensuite d'où il tenait ces renseignemens. Il me dit : « Les bâtimens en question ont passé tout près d'un bateau dans lequel j'étais, et j'ai vu un homme enveloppé dans une capote de matelot, qu'un de ceux qui étaient avec moi m'a assuré être lui. Pour ma part je ne le connais pas, ne l'ayant jamais vu ; mais quand le propriétaire de ces bâtimens voulut aller à bord, on le fit tenir au large, et on lui dit qu'ils étaient mis en réquisition pour deux ou trois jours, au bout desquels on les lui rendrait avec un ample dédommagement. »

Il racontait cette histoire d'une manière si détaillée et avec tant d'assurance, que je craignis que ce qu'il disait n'eût quelque fondement ; et l'on peut aisément concevoir l'anxiété dans laquelle je me trouvai, en songeant que j'avais expédié un bâtiment pour l'Angleterre avec des dépêches, annonçant l'intention qu'avait Bonaparte de s'embarquer le lendemain matin sur le *Bellerophon*. Après avoir un peu réfléchi, je me déterminai à informer brusquement M. Las Cases de l'avis que je venais de recevoir, pour tâcher de juger, par l'effet que cette annonce produirait sur son visage, s'il y avait ou non quelque vérité dans ce qu'on m'avait dit.

Je suivis cette idée ; mais M. Las Cases me sembla parfaitement calme et me dit : « A quelle heure, je vous prie, votre donneur d'avis prétend-il que l'empereur a passé devant la Rochelle ? »—« A dix heures du matin. » — « En ce cas, je puis, en toute sûreté, affirmer sur mon honneur qu'il n'était à bord d'aucun de ces bâtimens. Je l'ai quitté ce soir à cinq heures et demie, dans la ferme intention de venir à bord de ce vaisseau demain matin ; je ne puis répondre de ce qu'il a fait depuis cette heure. »

— « Puisque vous me donnez votre parole d'honneur, répliquai-je, que Bonaparte n'avait pas quitté l'île d'Aix quand vous en êtes parti, je me fierai à ce que vous me dites ; et je ne prendrai aucune mesure en conséquence des renseignemens qu'on vient de m'apporter ; je conclurai qu'ils sont fondés sur quelque méprise. »

Vers trois heures du matin, l'officier

de quart me fit éveiller pour me dire qu'un autre bateau voulait venir le long du bord. Je vins immédiatement sur le pont. Il se trouva qu'on m'apportait les mêmes renseignemens d'un autre endroit. Le fait est qu'ils étaient exacts jusqu'à un certain point : car les deux chasse-marées, ainsi que je l'appris ensuite, avaient été armés par des officiers et des matelots des frégates, afin d'être employés comme dernière ressource pour tenter une évasion, dans le cas où la mission du comte Las Cases à bord du *Bellerophon* n'aurait pas eu de succès ; ils avaient effectivement passé devant la Rochelle, à l'heure indiquée, pour se rendre à la pointe d'Aiguillon, et ils y étaient attendant que Bonaparte vînt s'y embarquer, si cela devenait nécessaire (1).

---

(1) Les chasse-marées sont de petits bâtimens pontés, dont le gréement ressemble à celui des lougres ; ils sont généralement du port de vingt à vingt-cinq tonneaux, et on les emploie presque exclusivement au cabotage le

Après que j'eus décidé de m'en rapporter à l'assertion de M. Las Cases, que
Bonaparte n'avait pas quitté l'île d'Aix,
je demandai à la personne qui m'avait
apporté le soir les renseignemens en question, quel était l'état de la Rochelle, et
si je pouvais avec sécurité envoyer un
canot pour y acheter quelques provisions, le pavillon blanc ayant été arboré
dans toute la ville. On me répondit qu'on
ne me le conseillait pas, attendu que, bien
que les habitans fussent portés pour la

---

long des côtes de France. Bien qu'il n'y eût pas de doute
que, pendant les mois d'été, un bâtiment de cette espèce
ne pût réussir à faire le voyage d'Amérique, si l'on
prend en considération les habitudes indolentes de Bonaparte depuis quelques années, le défaut d'espace
pour le loger ainsi que sa suite, arrimer les vivres,
l'eau et les autres objets nécessaires, et surtout qu'il n'y
avait pas de port ami où il pût toucher pour se ravitail-
ler, l'impossibilité absolue de parvenir à sa destination
dans un navire de cette sorte, eût-il même réussi à
tromper la vigilance de nos croiseurs, paraîtra encore
plus évidente à tout le monde.

(*Note du capitaine* MAITLAND.)

famille des Bourbons, la garnison, forte
de quatre mille hommes, était attachée à
Bonaparte; mais que s'il était une fois à
bord du vaisseau, il n'y aurait plus de
risque, parce que la crainte qu'il n'é-
prouvât quelque mauvais traitement,
tiendrait les soldats en respect.

A la pointe du jour, le 15, on aperçut
le brick de guerre français l'*Épervier*
sous voile, se dirigeant vers le vaisseau
avec un pavillon parlementaire, et en
même temps l'on découvrit au large le
Superb, portant le pavillon de sir Henry
Hotham. A cinq heures et demi, le *ju-
sant* (1) ayant cessé de se faire sentir,
et le vent soufflant directement vers la
côte, le brick, qui se trouvait à un mille
de nous, n'avançait plus, tandis que le
Superb approchait poussé à la fois par le
vent et la marée. Dans cette position,
ayant fort à cœur de terminer l'affaire

____

(1) La marée descendante.

que j'avais amenée si près de sa fin, avant
que l'amiral n'arrivât, j'expédiai dans mon
canot le premier lieutenant, M. Mott,
qui revint peu de minutes après six heures, amenant Napoléon avec lui.

A son arrivée à bord du *Bellerophon*,
il fut reçu sans aucun des honneurs qui
se rendent généralement aux personnes
d'un rang élevé. La garde fut mise en
haie sur le devant de la dunette; mais elle
ne présenta point les armes. Le gouvernement avait simplement ordonné,
dans le cas où il serait pris, de le transférer à bord de celui des bâtimens de
Sa Majesté qui viendrait à le rencontrer;
mais on n'avait donné aucune instruction sur la manière dont on devrait le
considérer. Toutefois, comme il n'est
pas d'usage à bord des vaisseaux de guerre
anglais de rendre d'honneurs avant que
le pavillon ne soit arboré (ce qui a lieu
à huit heures du matin), ni après le coucher du soleil, l'heure me servit d'ex-

cuse pour ne les avoir pas rendus dans cette occasion.

Le costume de Bonaparte était une redingote de couleur olive, par-dessus un habit d'uniforme vert, avec collet, paremens et passe-poils écarlates, les retroussis ornés de cors de chasse brodés en or, les boutons unis et bombés, et les épaulettes en or : c'était l'uniforme des chasseurs à cheval de la garde impériale. Il portait la plaque de la Légion d'Honneur, et la petite croix de cet ordre, ainsi que celles de la Couronne de Fer et de la Réunion pendaient à sa boutonnière. Sa coiffure était un petit chapeau retapé, avec une cocarde tricolore ; il portait une épée à poignée d'or unie, et avait des bottes d'uniforme, veste et culotte blanches. Le lendemain il était chaussé en souliers avec des boucles en or et des bas de soie. C'est ainsi qu'il fut toujours vêtu pendant qu'il demeura avec moi.

En quittant l'*Épervier*, il fut salué

par les acclamations de l'équipage, tant
que le canot fut à portée de voix, et
M. Mott me dit que la plupart des officiers et des matelots avaient les larmes
aux yeux.

Le général Bertrand monta le premier
à bord, et me dit : « L'empereur est dans
le canot. » Il monta ensuite lui-même,
et quand il fut arrivé sur le gaillard d'arrière, il ôta son chapeau, puis m'adressant la parole d'une voix ferme, il dit :
« Je viens me mettre sous la protection de
votre prince et de vos lois. » Lorsque je
l'eus conduit dans la chambre, il la parcourut des yeux, et dit : « Voilà une
belle chambre. » Je répondis : « Telle
qu'elle est, monsieur, elle est à votre service pour tout le temps que vous demeurerez sur le vaisseau que je commande. »
Il porta ensuite les regards sur un portrait
suspendu à la cloison, et dit : « Quelle est
cette jeune personne? »—« Ma femme, »
répondis-je. — « Ah! elle est très-

jeune et très-jolie (1). » Il me demanda de quel pays elle était, si j'avais des enfans, puis m'adressa un grand nombre de questions touchant mon pays et mes services.

Quelques minutes après, il me pria de faire venir les officiers et de les lui présenter, ce que je fis en observant les rangs. Il adressa à chacun d'eux plusieurs questions sur le lieu de sa naissance, le poste qu'il occupait dans le vaisseau, le temps qu'il avait servi et les combats où il s'était trouvé. Il témoigna ensuite le désir de parcourir le vaisseau; mais

---

(1) J'ai été porté à mentionner la remarque de Bonaparte sur le portrait de madame Maitland, ainsi que celle qu'il fit en la voyant le long du *Bellerophon*, dans la rade de Plymouth, pour offrir d'une manière frappante un trait particulier de son caractère, le soin de chercher à produire une impression favorable sur l'esprit de ceux à qui il parlait, en saisissant toutes les occasions de dire ce qu'il croyait pouvoir les flatter et leur être agréable.

(*Note du capitaine* MAITLAND.)

comme l'équipage n'avait pas encore fini les travaux de propreté, je lui dis qu'il était d'usage de nettoyer les ponts, aussitôt après le déjeuner des matelots, qu'ils étaient occupés à le faire, et que s'il voulait attendre qu'ils eussent terminé, il verrait le vaisseau sous un aspect plus avantageux.

En ce moment, je lui proposai de me permettre de lui adresser la parole en anglais, parce que j'avais ouï dire qu'il entendait cette langue, et que j'avais une grande difficulté à m'exprimer dans la sienne. Il me répondit en français : « La chose est impossible, j'entends à peine un mot de votre langue. » D'après les observations que j'eus lieu de faire par la suite, j'acquis la preuve qu'il avait dit vrai. En effet, lorsqu'il jetait les yeux sur des livres ou des journaux, il lui arrivait souvent de demander la signification du mot le plus usité. Il parlait sa langue avec une volubilité qui, au pre-

mier abord, rendait difficile de le suivre ;
et je fus plusieurs jours avant de pouvoir
m'accoutumer à sa manière de parler,
au point de comprendre sur-le-champ ce
qu'il voulait dire.

Au bout d'environ un quart d'heure,
il témoigna de nouveau le désir de parcourir le vaisseau ; et, bien que je lui
répétasse qu'il trouverait les matelots occupés à frotter et à écurer, il persista à
vouloir examiner le vaisseau dans l'état
où il était alors. En conséquence, il fit
le tour de tous les ponts, en m'adressant
une foule de questions, plus particulièrement sur ce qui lui paraissait différent de ce qu'il avait été accoutumé à
voir sur les vaisseaux de guerre français.

Il parut frappé de la propreté de nos
hommes, et me dit que nos matelots
étaient sûrement une classe différente de
celle des matelots français, et qu'il pensait que c'était à eux que nous devions
d'être toujours vainqueurs sur mer. Je

répondis : « Permettez-moi de différer d'opinion avec vous. Je ne veux rien ôter au mérite de nos marins, mais je crois que peut-être nous devons notre avantage à la plus grande expérience de nos officiers; et que, si l'on prenait autant de peine avec les marins français, ils auraient aussi belle apparence que les nôtres. Les vaisseaux anglais étant constamment à la mer, les officiers n'ont rien qui détourne leur attention de leur bâtiment et de leurs matelots; conséquemment l'on apporte plus de soin à l'apparence de ces derniers, et ils sont beaucoup plus au fait du service qu'ils ont à remplir (1). »

____

(1) Il peut être permis à un officier de la marine française de ne pas partager l'avis du capitaine Maitland, relativement aux causes de nos défaites sur mer. Ces causes sont trop nombreuses pour être énumérées ici; et le défaut d'expérience de nos officiers, vrai à quelques égards dans une guerre où nos escadres sortaient rarement des ports et des rades, n'en est pas la principale. Quant à ce que dit le capitaine du *Bellerophon* de la

« Je crois, me dit-il, que vous avez raison. » Il se mit ensuite à parler de diverses batailles navales, et dit : « Ou vos lois sont plus sévères que les nôtres, ou elles sont mieux exécutées. Il est arrivé beaucoup de cas où des officiers français se sont mal conduits dans le combat, sans que j'aie pu les faire punir comme ils le méritaient. » Il en cita deux entre autres par leurs noms, et dit du dernier : « Il aurait dû être puni de mort,

---

tenue et de l'apparence des matelots anglais, je ne suis nullement de son avis. Jamais, je pense, les matelots anglais n'ont approché, sous ce double rapport, de ce qu'étaient les nôtres deux ans avant l'époque où il parlait ainsi ; et, renversant l'espèce d'argument de M. Maitland, je dirai que nos vaisseaux étant presque toujours retenus sur les rades, les officiers avaient leur attention moins détournée de ce qui regardait la tenue de leur bâtiment et de leurs matelots, et que ces deux parties importantes du service avaient atteint un degré de perfection extraordinaire dans les dernières années de la guerre.

(*Note du traducteur.*)

et je fis tout ce que je pus pour le faire
condamner ; mais il fut jugé par un conseil de guerre maritime, qui se borna à
le renvoyer du service. » Je dis à mon
tour : « Les lois en France me paraissent
quelquefois appliquées avec trop de sévérité. Je commandais une frégate dans
l'affaire de la rade des Basques (1) ; et à
mon avis la sentence de mort portée
contre le capitaine du *Calcutta* était
injuste. Il ne pouvait faire davantage
pour sauver son vaisseau, et ce bâtiment
fut défendu mieux et plus long-temps
qu'aucun autre. »

Bonaparte répondit : « Vous ne con-
naissez pas les circonstances qui ont mo-
tivé sa condamnation. Il fut le premier
à quitter son vaisseau, que défendirent
pendant quelque temps ses officiers et
son équipage après qu'il l'eut quitté. »

Il dit quelques momens après : « Je

____

(1) En avril 1809.

ne vois pas de raison suffisante pour que
vos vaisseaux aient battu si facilement
les vaisseaux français. Les plus beaux vaisseaux de guerre que vous ayez à votre
service sont français; un vaisseau français est plus fort à tous égards qu'un des
vôtres de la même classe; il porte plus
de canons; ceux-ci sont d'un plus fort
calibre, et il a beaucoup plus d'hommes. »

— « Je vous ai déjà expliqué cela, repris-
je, par la supériorité d'expérience de nos
marins et de nos officiers. »

— « J'ai su, répliqua-t-il, de quelques
Français qui ont passé plusieurs jours à
bord de votre vaisseau (1), que vous prenez beaucoup de peine pour exercer vos

----

(1) C'étaient une partie des officiers et des matelots
du transport l'*Eneas*, que j'ai dit plus haut avoir arrêté
le 18 juin. Ils restèrent environ une semaine à bord du
Bellerophon, et furent débarqués à l'île d'Aix par un
chasse-marée peu de jours avant que Bonaparte n'y
arrivât.

hommes au service des canons et les ha-
bituer à tirer au blanc. »

—« Je l'ai fait alors, répondis-je, parce
que je regardais cela comme de la plus
grande importance; et, si les frégates
avaient essayé de mettre en mer, vous
auriez eu probablement une occasion
d'en voir l'effet. »

Il me demanda si je pensais que deux
frégates portant des canons de vingt-qua-
tre dans leur batterie (1), fussent de
force à combattre un vaisseau de soixante-
quatorze, et si je croyais que dans le cas
où il aurait tenté de forcer le passage
avec les frégates de l'île d'Aix, cette tentative eût réussi.

« Le feu d'un vaisseau à deux ponts,
répondis-je, est beaucoup plus com-
pact (2), il lance une si grande quantité

____

(1) On m'a dit plus tard qu'une des frégates, en rade
de l'île d'Aix, avait changé ses canons de 18 contre des
pièces de 24.   (*Note du capitaine* MAITLAND.)

(2) Ceci n'est pas très-intelligible.

de fer, en proportion de la bordée d'une
frégate, et il y a en outre tant de difficulté
à faire agir à la fois deux ou trois bâtimens avec effet contre un seul, que je
considère à peine trois frégates comme
pouvant lutter avec un vaisseau de ligne.
Quant à forcer le passage que gardait le
Bellerophon, cela eût dépendu grande-
ment du hasard; mais les chances étaient
beaucoup contre vous, en ce que les
frégates ayant le vent contraire, auraient
eu à louvoyer pendant trois ou quatre
lieues dans une passe étroite, exposées
au feu d'un vaisseau de soixante-quatorze qui, étant au vent, aurait pu prendre la position la plus avantageuse.

Revenant alors à ce qui concernait
l'exercice à feu, il dit : « Vous avez un
grand avantage sur la France à cause de
la situation de vos finances. J'ai long-
temps désiré introduire dans la marine
française l'usage de l'exercice à poudre
et à boulet; mais la dépense était trop

6

considérable pour que le pays pût la supporter. »

Il examina les lignes de mire tracées
sur les canons, et les approuva hautement. Il me demanda quel était le calibre des différentes batteries, et blâma
le mélange des calibres sur les gaillards.
Je lui dis que les canons de neuf longs
étaient placés entre les haubans, parce
que des pièces plus courtes, telles que
les carronades, pourraient mettre le feu
au gréement. Il répondit : « Cela peut
être nécessaire, mais il doit en résulter
des inconvéniens. » En général, toutes
ses questions étaient très-judicieuses et
montraient qu'il avait apporté beaucoup
d'attention aux affaires de la marine.

En voyant la provision de *valets* (1)
pour chaque batterie, rangée le long des
parcs à boulets en forme de sophas avec
des couvertures de toile propre, il dit :

____

(1) Bourres de vieux cordages pour les canons.

« Les vaisseaux de guerre français sont aussi bien disposés que les vôtres pour le combat ; mais on n'y a pas la manière de combiner le coup d'œil avec l'utilité. »

Vers neuf heures, on servit le déjeuner à l'anglaise, c'est-à-dire du thé, du café, de la viande froide, etc. Bonaparte ne mangea pas beaucoup, et le déjeuner ne parut pas de son goût. Lorsque j'eus appris qu'il était accoutumé à avoir un déjeuner chaud, j'ordonnai aussitôt de laisser son maître d'hôtel donner les ordres nécessaires pour qu'il fût toujours servi de la manière qu'il avait accoutumé de l'être ; et depuis ce temps nous vécûmes constamment à la française, autant que je fus à même d'y pourvoir.

Pendant le déjeuner, il fit beaucoup de questions sur les coutumes anglaises, disant : « Il faut maintenant que j'apprenne à m'y conformer, puisque je passerai probablement le reste de ma vie en Angleterre.

J'ai déjà dit qu'on avait aperçu le *Superb* au large dès le grand matin; il approchait alors, poussé par une brise légère. Bonaparte me demanda deux ou trois fois dans combien de temps il arriverait au mouillage, et paraissait très-impatient de savoir si l'amiral m'approuverait de l'avoir reçu. Lorsque je partis pour aller à bord du vaisseau de sir Henry Hotham, il me pria de dire à l'amiral qu'il désirait le voir.

Le *Superb* jeta l'ancre vers dix heures et demie. Je me transportai sur le champ à bord de ce vaisseau, et je rendis compte à l'amiral de tout ce qui était arrivé. J'ajoutai : « Je compte avoir bien fait, et que le gouvernement approuvera ma conduite, parce que j'ai considéré qu'il était d'une grande importance d'empêcher la fuite de Bona-

parte en Amérique et d'obtenir possession de sa personne »

Sir Henry Hotham répondit : « S'emparer de lui à quelques conditions que
ce fût, aurait été de la plus grande conséquence ; mais comme vous n'avez
stipulé aucune condition, il ne saurait
y avoir de doute que vous obteniez l'approbation du gouvernement de Sa Majesté. »

Sir Henry me dit après : « Que pensez-vous relativement à la charge de le
garder? Seriez-vous bien aise de vous en
débarrasser ? » — « Certainement non,
répondis-je sur-le-champ. Puisque j'ai
eu l'embarras et la responsabilité de
conduire cette affaire à fin, je désire,
comme de raison, le conduire en Angleterre; mais comme je ne veux garder
ni lui, ni âme qui vive à mon bord,
contre sa volonté, s'il désire passer sur
un autre vaisseau, je ne m'y opposerai
certainement pas. »

Je m'acquittai ensuite du message de Bonaparte, et je dis à l'amiral qu'il désirait recevoir sa visite. Sir Henry me dit qu'il irait le voir avec beaucoup de plaisir.

Je retournai bientôt à bord du *Bellerophon*, et je dis à Bonaparte que l'amiral se proposait de venir lui rendre visite. Il pria aussitôt le comte Bertrand d'aller saluer de sa part sir Henry. J'accompagnai le général Bertrand ; et, pendant que l'amiral se préparait pour la visite convenue, le capitaine Senhouse fit voir son vaisseau au général français.

Dans l'après-midi, sir Henry Hotham, accompagné du capitaine Senhouse et de M. Irving, son secrétaire, vint à bord du *Bellerophon*. Ils furent présentés à Bonaparte par le général Bertrand, dans la chambre d'arrière, où il s'entretint long-temps avec eux. Il leur montra sa bibliothèque de campagne, qui était étalée dans de petites caisses autour de la chambre. Il leur fit aussi diverses questions, pour la plupart relatives à la discipline et au service établis sur nos vaisseaux de guerre, et finit par les inviter tous à rester pour dîner.

On servit le dîner vers cinq heures dans la vaisselle de Bonaparte. La table avait été dressée par son maître d'hôtel, à qui j'avais dit de régler tout de la manière qui pourrait être la plus agréable à son maître.

Lorsqu'on eut annoncé qu'il était servi, Bonaparte se considérant comme une *personne royale* (1), ce qu'il continua de faire tant qu'il resta à bord du *Bellerophon*, et ce que, dans les circonstances où nous nous trouvions, j'aurais regardé comme *désobligeant* et *déplacé* (2) de ma part de lui contester;

---

(1) Il y a dans l'original *royal personage*.
(2) *Ungracious and uncalled*.

Bonaparte, dis-je, montra le chemin
et entra le premier dans la salle à manger. Il s'assit au milieu d'un des côtés de
la table, invitant sir Henry Hotham à
prendre place à sa droite, et madame
Bertrand à sa gauche. Ce jour-là, je me
plaçai, comme de coutume, au haut de
la table; mais le lendemain et tous les
autres jours, tant que Bonaparte demeura à bord, j'occupai, d'après sa
demande, la place de l'amiral à sa droite, et le général Bertrand prit le haut
bout. Deux des officiers de la suite
dînaient chaque jour à notre table sur
l'invitation de Bonaparte, transmise par
le général Bertrand.

Au premier dîner, Bonaparte parla
beaucoup et ne montra aucun abatte-
ment (1). Entre autres choses, il me demanda où j'étais né. Je répondis : « En
Écosse. » — « Y avez-vous quelques

____

(1) *Depression of spirits.*

propriétés ? » reprit-il. — « Non : je suis un cadet, et en Écosse on ne donne pas grand'chose aux gens de cette espèce. » — « Votre aîné est-il lord ? » — « Non : lord Lauderdale est le chef de notre famille. » — « Ah ! vous êtes parent de lord Lauderdale ! Il est de ma connaissance ; il fut envoyé auprès de moi comme ambassadeur par votre roi, lorsque M. Fox était premier ministre. Si M. Fox eût vécu, les choses n'en seraient jamais venues à ce point ; mais sa mort détruisit toute espérance de paix. Milord Lauderdale est un bon garçon. » Il ajouta : « Je crois que vous lui ressemblez un peu ; cependant il est brun, et vous êtes blond. »

Lorsque le dîner fut fini, on servit une tasse de café à la ronde. Bonaparte se leva ensuite et passa dans la chambre d'arrière, invitant l'amiral et tous les convives à l'accompagner, les dames comme les autres. C'est la seule fois que

je les aie jamais vues dans l'appartement
où il couchait.

Après un moment de conversation,
il dit d'un ton enjoué qu'il voulait nous
montrer son lit de camp. Il envoya
chercher Marchand, qui reçut ses ordres, et revint bientôt avec deux petits
paquets dans des enveloppes de cuir :
l'un contenait la couchette en acier,
qui, lorsqu'elle était ployée, formait un
faisceau qui n'avait pas plus de deux
pieds de long et dix-huit pouces de circonférence. L'autre renfermait les matelas et les rideaux; ces derniers étaient
de soie verte. En trois minutes, le tout
fut monté et formait un petit lit très-
élégant d'environ deux pieds et demi de
largeur.

Bonaparte sortit ensuite, et se promena pendant quelque temps sur le
gaillard d'arrière, puis se retira dans sa
chambre vers sept heures et demie.
Bientôt après, l'amiral se disposant à re-

tourner à son bord , annonça à Bertrand l'intention de prendre congé de Bonaparte. Le général entra dans la chambre ; mais il revint sur-le-champ avec des excuses , disant que l'empereur était déshabillé et allait se mettre au lit.

Dans le courant de l'après-dînée , l'amiral avait invité Bonaparte , ainsi que tous les principaux officiers et les dames , à venir déjeuner le lendemain à son bord. Cette invitation avait été acceptée en apparence avec beaucoup de satisfaction.

Le lendemain 16 , quand je vins sur le pont de grand matin , j'observai qu'à bord du *Superb* on avait ôté les tapes (1) des canons, et placé les garde-corps sur les vergues , comme si l'on avait l'intention de tirer une salve et de

____

(1) Morceaux de liége garnis de suif , destinés à fermer la bouche des canons , pour empêcher l'eau de s'introduire dans la pièce et d'en avarier la charge.

faire monter l'équipage en haut, ainsi qu'il est d'usage pour saluer par des acclamations. Comme j'avais reçu Bonaparte sans faire seulement présenter les armes à la garde, je pensai qu'il pourrait croire que je l'avais à dessein traité d'une manière irrespectueuse. J'envoyai en conséquence l'officier de quart présenter mes complimens à sir Henry Hotham, et le prier de me faire savoir s'il avait l'intention de saluer Bonaparte à son arrivée à bord du *Superb*, et de le recevoir les hommes sur les vergues; et, dans ce cas, si je devais faire la même chose quand il quitterait le *Bellerophon*. L'amiral me fit répondre qu'il n'avait pas l'intention de saluer avec son artillerie, mais qu'il se proposait de faire monter l'équipage sur les vergues et dans le gréement; que je ne devais pas faire de même lorsque Bonaparte quitterait le *Bellerophon*, mais que j'étais libre de garnir les vergues de

monde à son retour. Je reçus en même
temps de l'amiral l'ordre de hisser un
signal convenu, quand le canot qui devait lui amener ses convives serait prêt
à déborder du vaisseau, afin qu'il eût
le temps de faire les préparatifs nécessaires.

Vers dix heures du matin, je fis ar-
mer mon canot, et mettre sous les armes une garde, commandée par un capitaine. Quant Bonaparte vint sur le
pont, il eut l'air de regarder avec beaucoup de plaisir les soldats de marine, qui
étaient, en général, des jeunes gens de
belle apparence. Il parcourut leurs rangs,
inspecta leurs armes et loua leur tenue,
en disant à Bertrand : « Que de choses
on pourrait faire avec cent mille soldats
comme ceux-ci! » Il demanda quel
était le plus ancien soldat, s'approcha
de lui et lui parla : ses questions furent
adressées en français, que j'interprétai,
ainsi que les réponses du militaire. Il

lui demanda combien il y avait d'années qu'il servait. Lorsque je lui dis que cet homme avait plus de dix années de service, il se tourna vers moi, et me dit : « N'est-ce pas la coutume à votre service de donner quelque marque distinctive à un homme qui a servi aussi long-temps? » Je lui appris que l'homme en question avait été sergent, mais que quelque faute l'avait fait redescendre au rang de simple soldat. Bonaparte fit ensuite faire l'exercice à la garde, et j'interprétai au capitaine, qui n'entendait pas le français, les manœuvres qu'il voulait qu'on exécutât. Il fit quelques remarques sur la différence dans la manière de charger à la baïonnette, entre nos troupes et celles des Français ; il trouva défectueuse notre manière de fixer la baïonnette au fusil, en ce qu'elle serait plus facile à arracher par l'ennemi qui parviendrait à la saisir dans une charge.

En s'embarquant dans le canot, il

en examina l'équipage, et dit : « Quel beau choix d'hommes vous avez fait pour votre embarcation ! » Il se tourna ensuite vers M. Las Cases, qui était venu à bord en habit bourgeois, mais qui était alors vêtu d'un uniforme de marine, et lui dit en plaisantant : « Comment, Las Cases, vous êtes militaire ? Je ne vous ai jamais vu en uniforme. » M. Las Cases répondit : « Pardon, sire ; avant la révolution, j'étais lieutenant de vaisseau ; et comme je pense qu'un uniforme nous obtient plus de considération en pays étranger, j'ai repris le mien. »

Son attention fut bientôt attirée par les hommes qui garnissaient les vergues du *Superb*, et par l'apparence de ce vaisseau. Il fit quelques observations à ce sujet, et adressa diverses questions ; entre autres, si le vaisseau était anglais ou français, quel était son âge, le nombre de canons qu'il portait, et le calibre de chaque batterie.

En arrivant le long du bord, le général Bertrand monta l'escalier, et alla
annoncer à l'amiral que l'empereur, car
on lui donnait toujours ce titre, était
dans le canot. Bonaparte monta alors,
et fut reçu, sur le gaillard d'arrière,
par sir Henry Hotham, et une garde
ayant un capitaine en tête. On le con-
duisit immédiatement dans la chambre.
Là, après avoir jeté un moment les regards autour de lui, il demanda que les
officiers lui fussent présentés ; ce qui eut
lieu. Il leur adressa à peu près les mêmes questions qu'il avait adressées la
veille aux officiers du *Bellerophon*. Il
témoigna ensuite le désir de parcourir
le vaisseau. Il en visita toutes les parties,
accompagné par plusieurs officiers de
sa suite, l'amiral, le capitaine Senhouse
et moi. Les hommes de l'équipage étaient
à leur poste de combat, et tout disposé dans le plus bel ordre. Bonaparte
parut trouver fort bien tout ce qu'il

voyait, et établit beaucoup de comparaisons entre les vaisseaux de guerre anglais et français. En parcourant les divers emménagemens du faux-pont et les *soutes* (1), il dit au général Savary : « Nos vaisseaux n'ont rien de ce genre. » Le général répondit : « Tous les nouveaux vaisseaux construits à Anvers ont été emménagés sur ce plan. »

Lorsque nous fûmes revenus sur le gaillard d'arrière, il nous questionna très-minutieusement, l'amiral et moi, sur l'habillement et la nourriture des marins. Ce fut alors qu'ayant appris que tout ce qui concernait ces objets était dans les attributions du boursier (*purser*), il dit d'un ton facétieux : « Je crois que c'est quelquefois chez vous comme

____

(1) Divisions établies dans la cale et le faux-pont pour y renfermer, chacune à part, les diverses espèces de provisions, et les objets de rechange du maître d'équipage, du canonnier, du voilier, etc.

chez nous, le commissaire est un peu
coquin. » Ceci s'adressait à l'amiral et à
moi avec qui il s'entretenait, et non pas
à l'équipage, comme on l'a dit. Il n'y
avait d'ailleurs pas un homme assez près
pour entendre ces paroles, qui furent
prononcées en français.

Il demanda à voir le chapelain, à qui
il fit quelques questions, comme par
exemple, quel nombre de catholiques et
d'étrangers il y avait sur le vaisseau, et
si quelqu'un d'entre eux parlait français.
On lui indiqua un homme de Guernesey;
mais il ne lui adressa point la parole.

Il rentra ensuite dans la chambre où le
déjeuner était servi. Pendant ce repas, il
parla beaucoup, mais mangea fort peu,
parce qu'on avait servi à la mode anglaise.
Tout le temps que dura le déjeuner, j'observai que le colonel Planat, qui était
très-attaché à Bonaparte, et sur le compte
duquel celui-ci s'exprimait en termes
pleins d'affection, avait des larmes qui lui

coulaient le long des joues, et semblait extrêmement peiné de la situation où se trouvait son maître. D'après les occasions que j'ai eues par la suite d'observer le caractère de ce jeune homme, je demeurai convaincu qu'il avait un vif attachement pour la personne de Bonaparte; et autant que j'en pus juger, il en était de même de tous ses autres serviteurs sans exception.

En se levant de table, toute la compagnie passa dans la chambre d'arrière. Une discussion s'y engagea au sujet des chevaux et des voitures de Bonaparte qui étaient restés à Rochefort, et qu'il désirait emmener en Angleterre. J'étais antérieurement convenu, s'ils arrivaient, de recevoir deux voitures et cinq ou six chevaux, et c'était tout ce que le vaisseau pouvait facilement loger. Comme rien n'était venu, l'amiral consentit alors à donner un *laissez-passer* pour un bâtiment qui transporterait la totalité des équipages,

consistant en six voitures et quarante-
cinq chevaux. Cette pièce fut dressée et
expédiée à M. Philibert, qui commandait
dans la rade de l'île d'Aix; mais je crois
qu'on n'en fit point usage.

Nous revînmes tous à bord du *Bellerophon* vers midi, et, au moment où nous
touchions le bord, tous les bâtimens présens firent monter leur équipage sur les
vergues et dans le gréement. Le canot fut
embarqué aussitôt que nous l'eûmes quitté, et le vaisseau mit à la voile, en conséquence de l'ordre de l'amiral, dont voici
un extrait.

*Extrait d'un ordre du contre-amiral sir Henry
Hotham, adressé au capitaine Maitland, commandant le vaisseau de Sa Majesté Britannique le* Bellerophon, *et daté du* Superb, *dans
la rade des Basques, le 15 juillet 1815.*

« Il vous est ordonné par le présent
de prendre sous vos ordres le *Myrmidon*, et après avoir embarqué sur ce bâ-

timent celles des personnes de la suite de Napoléon Bonaparte qui ne peuvent être transportées à bord du *Bellérophon*, de mettre en mer avec le vaisseau que vous commandez, accompagné du *Myrmidon*, et de vous rendre en toute diligence avec Bonaparte et sa suite à Torbay. Là, ayant mis à terre l'officier du vaisseau portant mon pavillon, que j'ai chargé d'une dépêche adressée au secrétaire de l'amirauté, ainsi qu'un officier du vaisseau que vous commandez, pour se rendre en poste à Plymouth avec la dépêche ci-jointe adressée à l'amiral lord Keith, et une copie des présentes instructions que vous transmettrez à l'amiral, vous attendrez les ordres des lords commissaires de l'amirauté, ou ceux de lord Keith, pour vos opérations ultérieures. »

Pendant le temps que l'on mit à lever l'ancre et à établir les voiles, Bonaparte demeura sur la dunette, et ne cessa d'a-

dresser des questions sur tout ce qui se
faisait. Il dit : « Votre manière d'exécuter cette manœuvre est tout-à-fait différente de celle des Français. » Puis il
ajouta : « Ce que j'admire le plus à bord
de votre vaisseau, c'est l'extrême silence
et l'ordre avec lequel agissent vos hommes. A bord d'un vaisseau français,
chacun crie et commande, et tous les
hommes bavardent comme des pies. »
Avant de quitter le *Bellerophon*, il répéta à peu près la même chose. « Il s'est
fait moins de bruit, dit-il, à bord de ce
vaisseau où il y a six cents hommes, tout
le temps que j'y suis resté, qu'à bord de
l'*Épervier*, dont l'équipage n'est que de
cent hommes, pendant la traversée de
l'île d'Aix à la rade des Basques. »

Peu après que le vaisseau eut mis sous
voile, la *Mouche* arriva avec trois ou
quatre moutons, une grande quantité
de légumes verts et d'autres vivres frais,
que le commandant des bâtimens fran-

çais envoyait en présent à Bonaparte. Lorsque nous eûmes embarqué ces objets, nous fîmes route pour l'Angleterre, accompagnés du *Myrmidon*.

En louvoyant, nous passâmes à environ une longueur de câble (cent toises) du *Superb*. Bonaparte me demanda si je croyais que les deux vaisseaux fussent assez près pour engager un combat. Je répondis que la moitié de la distance, et moins encore, conviendrait mieux, attendu qu'on avait pour maxime, dans notre marine, de ne pas se tenir plus loin de l'ennemi qu'il ne fallait pour pouvoir brasser les vergues et manœuvrer le vaisseau sans s'accrocher.

Bonaparte demeura sur le pont tout le temps que le vaisseau louvoya dans le pertuis d'Antioche. Quand nous eûmes doublé les bas-fonds de Chassiron, vers six heures après midi, on servit le dîner. Il parla beaucoup pendant le repas, et parut de très-bonne humeur; il raconta diverses anecdotes de sa vie, une entre

autres dans laquelle sir Sidney Smith
avait joué un rôle. Sachant que j'avais
servi sous cet officier sur la côte de Syrie, il se tourna vers moi et me dit :
« Sir Sidney Smith vous a-t-il jamais
dit la cause de sa querelle avec moi? »
Je répondis que non. « Eh bien, reprit-
il, je vous la dirai. Quand l'armée française était devant Saint-Jean-d'Acre, il
fit répandre secrètement, parmi les officiers et les soldats, un papier où on les
engageait à se révolter et à m'abandon-
donner, ce qui me fit publier une pro-
clamation dans laquelle je signalais le
commodore anglais comme un fou, et
je défendais toute communication avec
lui. Sir Sydney Smith en fut si piqué,
qu'il m'envoya un cartel pour que je me
battisse en duel avec lui sur la plage de
Caïffa. Ma réponse fut que, quand Marlborough se présenterait pour cela, je serais à son service ; mais que j'avais d'autres devoirs à remplir que de me battre

en duel avec un commodore anglais. »
Il continua à parler des événemens qui
se passèrent en Syrie; et il dit, en me
frappant légèrement sur la tête : « Sans
vous autres Anglais, j'aurais été empereur d'Orient; mais partout où il y a de
l'eau pour faire flotter un vaisseau, on
est sûr de vous trouver sur son chemin. »

Pendant les journées du 17 et du 18,
le temps fut très-beau, et il n'arriva
rien de remarquable. On aperçut plusieurs bâtimens, au sujet desquels Bonaparte et ses officiers firent beaucoup
de questions, dans la vue (à ce que je
présumai) de pouvoir juger s'il aurait
été probable qu'ils s'échappassent, dans
le cas où ils auraient pris la mer. Le
seul bâtiment de guerre que nous ren-
contrâmes, dans ces deux jours, fut la
corvette à trois mâts le *Bacchus*, que
je montrai à Bonaparte. Je l'informai
en même temps que nous avions plu-

sieurs frégates qui croisaient dans ces parages pour l'intercepter, s'il eût réussi à traverser la ligne des bâtimens stationnés près de terre. Cependant il n'en était rien, comme on le sut plus tard. En effet, l'*Endymion* était entré dans la Gironde ; la *Liffey*, ayant craqué son beaupré, était retournée en Angleterre, et les autres, par différentes causes, avaient quitté la station. De sorte que s'il eût passé sans être arrêté par la division stationnée devant Rochefort, il aurait fait en toute sûreté sa traversée jusqu'en Amérique.

Bonaparte s'amusait assez ordinairement à jouer aux cartes après le déjeuner. Le jeu était le *vingt-un*, et tout le monde y prenait part, excepté moi. Il me proposa de jouer aussi ; mais je lui dis que je n'avais pas d'argent, ayant adopté pour règle de laisser tout à ma femme quand j'allais à la mer. Cela le fit beaucoup rire, et, avec une grande affabilité, il offrit de me prêter quelque chose et de me faire crédit jusqu'à ce que nous arrivassions en Angleterre. Je le remerciai de son offre, le service et la conduite du vaisseau me donnant considérablement d'occupation.

Ma dépêche du 14, adressée au secrétaire de l'amirauté, avait été très-courte et écrite en grande hâte. C'est pourquoi, désirant que les ministres de Sa Majesté fussent informés aussitôt que possible des arrangemens importans qui avaient été convenus, je considérai comme une chose utile d'adresser un rapport plus détaillé à l'amiral commandant en chef. En conséquence, j'écrivis à lord Keith une lettre dont je joins des extraits, comptant la lui faire tenir par l'officier qui irait lui annoncer l'arrivée du *Bellerophon* à Torbay.

*Extrait d'une lettre du capitaine Maitland, adres-
sée à l'amiral vicomte Keith, et datée du vaisseau de Sa Majesté Britannique le Bellerophon,
à la mer, le 18 juillet 1815.*

« Ayant reçu de sir Henry Hotham
l'ordre de vous faire remettre par un
officier la dépêche ci-jointe, je profite
de cette occasion pour vous expliquer
les circonstances dans lesquelles j'étais
placé lorsque je me laissai persuader de
recevoir Napoléon Bonaparte à bord du
vaisseau que je commande.

» Copies de la première lettre qui me
fut adressée par le comte Bertrand, et
de ma réponse, ont été transmises à
votre seigneurie par sir Henry Hotham.
Lorsque j'eus appris de la sorte que Bonaparte était en rade de l'île d'Aix, et
embarqué sur l'une des frégates, avec le
dessein de se rendre aux États-Unis d'A-
mérique, mon devoir devint singulière-
ment pénible et embarrassant, à raison

des nombreux avis qui m'arrivaient jour-
nellement de tous les côtés, relativement
à son intention de s'échapper sur des bâtimens de diverses espèces, et de différens points de la côte; ce dont les moyens
bornés que je possédais et le temps nécessaire pour communiquer avec sir
Henry Hotham, dans la baie de Quiberon, rendait le succès tout au moins
possible et même probable.

» Dans cette situation, l'ennemi ayant
deux frégates et un brick, tandis que les
forces sous mon commandement ne se
composaient que du *Bellerophon* et de
la corvette le *Slaney* (ayant détaché le
Myrmidon pour renforcer la *Daphne*,
au large de la passe de Maumusson, où
il se trouvait des forces supérieures à
cette frégate, et d'où, suivant un des
rapports que j'avais reçus, Bonaparte se
proposait de faire voile), un autre parlementaire me fut envoyé dans le but os-
tensible de s'informer si j'avais reçu une

réponse à la première communication; mais je reconnus bientôt que l'objet réel de cette démarche était de m'adresser une proposition de la part de Bonaparte, de s'embarquer pour l'Angleterre sur mon vaisseau.

» Prenant en considération toutes les circonstances concernant la probabilité de l'évasion si elle était tentée, soit ouvertement avec les frégates, soit clandestinement sur un petit bâtiment, en ce que, si mon vaisseau eût été désemparé dans le combat, il n'y en avait pas d'autres avec moi dont la force pût produire quelque effet sur une frégate; connaissant en outre, d'après l'expérience que j'en avais faite, en bloquant les ports de la baie, l'impossibilité d'empêcher des petits bâtimens de gagner la mer, et regardant comme de la plus grande importance d'obtenir possession de la personne de Bonaparte, je me laissai persuader sans hésitation à accéder à la proposition, en ce qui ne consistait qu'à le recevoir à bord, et à me rendre avec lui en Angleterre ; mais en même temps je déclarai, dans les termes les plus clairs et les plus positifs, que j'étais sans autorité pour entrer dans aucune espèce de stipulation relativement à l'accueil qu'il devait recevoir.

» J'ai la satisfaction de voir que les mesures que j'ai adoptées ont reçu l'approbation de sir Henry Hotham. Je compte qu'elles obtiendront également celle de Votre Seigneurie, ainsi que du gouvernement de Sa Majesté. »

Le 29 (1), j'eus une conversation avec madame Bertrand, au sujet du voyage de Bonaparte à l'île d'Elbe. Cette dame me demanda si je connaissais le capi-

---

(1) Il y a lieu de croire, d'après ce qui suit, que l'on a mis ici le 29 par erreur, au lieu du 19.

(*Note du traducteur.*)

taine Usher. Sur ma réponse négative,
elle me dit : « L'empereur l'aime beaucoup ; il lui a donné son portrait enrichi de diamans, et il en a un autre qu'il
vous destine. »

— « J'espère que non , répondis-je,
parce que je ne puis l'accepter. La situation du capitaine Usher était très-
différente de la mienne, et ce qui pouvait être convenable de la part de l'un
de nous deux ne le serait pas de la part
de l'autre. »

— « Si vous ne l'acceptez pas , reprit
madame Bertrand, vous l'offenserez beaucoup. »

— « Dans ce cas , repris-je à mon
tour, je vous serai obligé de prendre des
mesures pour empêcher que l'offre ne
soit faite, parce que je désire lui épargner la mortification et à moi la peine
d'un refus. Et je sens qu'il est absolument
impossible, dans la position où je suis ,
que j'accepte un présent de sa part. En

le recevant à bord de mon vaisseau, je n'avais aucune autorisation directe de mon gouvernement pour le faire, et j'ignore encore si ma conduite sera approuvée. D'un autre côté, si j'acceptais un présent d'une aussi grande valeur, on pourrait dire que j'ai été guidé par des motifs d'intérêt personnel ; tandis que toutes les mesures que j'ai prises n'ont été dictées que par le désir de servir mon pays de la manière que j'ai jugée la meilleure. Par conséquent, si j'ai quelque récompense à recevoir, c'est de ce côté qu'elle doit venir. »

Le 20, de grand matin, nous parlâmes au *Swiftsure*, qui avait été expédié d'Angleterre pour me renforcer au blocus de Rochefort. On ne saurait concevoir l'étonnement du capitaine Webley, lorsqu'à son entrée à bord du *Bellerophon*, je lui dis : « Eh bien ! je l'ai eu (1). » — « Vous l'avez eu ! qui donc ? » — « Parbleu ! Bonaparte , l'homme qui a tenu toute l'Europe en fermentation depuis vingt ans. » — « Est-ce possible ? En ce cas , vous êtes un garçon heureux. » Nous nous entre-tînmes encore quelque temps ; mais le capitaine Webley ne fut point présenté à Bonaparte , qui n'était pas encore sorti de sa chambre ; et, comme le *Swift-sure* faisait route vers le sud , et que je désirais arriver en Angleterre aussi promptement que possible, nous nous séparâmes bientôt.

Le 21 et le 22 , nous échangeâmes des signaux avec deux ou trois autres vais-seaux , qui , ce que j'eus soin de dire , étaient en observation pour guetter mon

---

(1) *I have got him*. Cette expression peut se traduire de bien des manières. Nous avons adopté la plus vague , dans la crainte de donner une fausse interprétation aux paroles du capitaine Maitland.

(Note du traducteur.)

hôte. Il semblait alors assez bien convaincu que toute tentative pour éviter
nos croiseurs aurait été infructueuse.
Le 22, le *Prometheus* signala son nu-
méro pendant que nous étions à dîner.
Bonaparte exprima le désir de savoir si
les vaisseaux de Brest avaient arboré le
pavillon blanc. Je fis mander l'officier
de quart, et le priai d'apresser cette question par le télégraphe. Au bout de quelques minutes, il revint avec une réponse
affirmative. Bonaparte ne fit aucune remarque sur cette annonce; mais il me
demanda d'un air d'indifférence comment la question et la réponse avaient
été transmises. Quand je le lui eus expliqué, il loua hautement l'utilité de
cette invention.

Pendant les repas, il entrait toujours
très-franchement et très-familièrement
en conversation avec les personnes qui
étaient auprès de lui, s'adressant fréquemment à M. Las Cases et à moi, faisant

quantité de questions sur les mœurs, les coutumes et les lois de l'Angleterre, et répétant souvent ce qu'il avait dit le premier jour qu'il avait passé à bord, savoir, qu'il fallait qu'il prît tous les renseignemens possibles sur ces objets, afin de pouvoir s'y conformer, parce qu'il finirait probablement ses jours au milieu des Anglais. Il paraît que M. Las Cases avait émigré de France au commencement de la révolution, et était demeuré en Angleterre jusqu'à la paix d'Amiens, où il avait obtenu la permission de rentrer dans sa patrie.

Le dimanche 23, nous passâmes très-près d'Ouessant. Le temps était beau, et Bonaparte resta sur le pont une grande partie de la matinée. Il jeta plus d'une fois un regard triste vers la côte de France, mais dit très-peu de chose. Il fit plusieurs questions concernant la côte d'Angleterre. Il demanda si elle était saine, c'est-à-dire, d'un abord facile et sûr, à quelle distance nous en étions, et le point vers lequel il y avait probabilité d'attérir; sur les huit heures du soir on découvrit les hautes terres de Dartmoor. J'allai dans la chambre pour l'en prévenir. Je le trouvai en robe de chambre de molleton, presque entièrement déshabillé et sur le point de se mettre au lit. Il mit sa redingote, vint sur le pont, et y demeura quelque temps observant la terre, puis demandant à quelle distance elle était de Torbay, et le temps qu'il nous faudrait pour y arriver.

Au point du jour, le 24, nous étions tout près de Dartmouth. Le comte Bertrand alla dans la chambre et en informa Bonaparte, qui vint sur le pont vers quatre heures et demie, et y resta jusqu'à ce que le vaisseau eût jeté l'ancre dans Torbay. Il parla avec admiration de la netteté de la côte, et dit : « Vous avez, sous ce rapport, un grand avantage sur la France, qui est entourée de rochers

et d'écueils. « Quand nous fûmes parve-
nus à l'ouverture de la baie, il fut frappé
de la beauté de son aspect, et s'écria :
« Quel beau pays! cette baie ressemble
beaucoup à celle de Porto-Ferrajo, dans
l'île d'Elbe. »

Le vaisseau était à peine à l'ancre,
qu'un officier vint à bord apportant un
ordre de lord Keith, dont voici un extrait.

*Extrait d'un ordre de l'amiral vicomte Keith,
adressé au capitaine Maitland, commandant
le vaisseau de Sa Majesté Britannique le* Bellerophon, *et daté de la* Ville de Paris, *dans l'Hamoaze* (1), *le* 23 *juillet* 1815.

« Le capitaine Sartorius, commandant le bâtiment de Sa Majesté, le *Slaney*, m'a remis hier soir, à onze heures, votre dépêche du 14 courant, m'an-

―――――――――――――――――――――

(1) Nom du vaste bassin formé par l'embouchure
du Plym, et sur le bord duquel a été bâti l'arsenal maritime de Plymouth.

nonçant que Bonaparte avait proposé de
s'embarquer à bord du vaisseau que vous
commandez, et que vous aviez acquiescé
à cette proposition, avec l'intention de
vous rendre à Torbay pour y attendre
de nouveaux ordres. J'ai, sans perdre de
temps, envoyé, par le capitaine Sartorius, votre lettre aux lords commissaires de l'amirauté, afin qu'ils fussent informés par cet officier de tous les détails
de ce qui est arrivé dans une occasion
de tant d'importance, et vous pouvez vous
attendre à recevoir bientôt des ordres de
leurs seigneuries, pour votre gouverne.
Vous demeurerez à Torbay jusqu'à ce
que vous receviez ces ordres. En attendant, outre les instructions qui vous ont
déjà été données, il vous est très-positive-
ment enjoint d'empêcher toute personne
quelconque de venir à bord du vaisseau
que vous commandez, excepté les officiers et marins faisant partie de l'équipage. Vous ne souffrirez pas non plus

qu'aucune personne, au service de Sa
Majesté ou non, mais qui n'appartien-
drait pas au vaisseau, vienne à bord,
soit pour rendre visite aux officiers,
soit sous tout autre prétexte que ce
puisse être, sans une permission ex-
presse des lords commissaires de l'a-
mirauté ou de moi. Comme j'ai appris
par le capitaine Sartorius, que le général Gourgaud a refusé de remettre
la lettre dont il était chargé pour le
prince régent, à personne autre que
S. A. R., vous devrez le faire repas-
ser du *Slaney* sur le vaisseau que
vous commandez, pour y rester jusqu'à ce que vous receviez des ordres
de l'amirauté à son sujet; vous ordon-
nerez en même temps au *Slaney* de
retourner dans la rade de Plymouth,
quand le capitaine Sartorius reviendra
de Londres. »

Cet ordre était accompagné d'une lettre

postérieure de lord Keith ; ce qui suit en est un extrait :

« Vous verrez, par les papiers publics, que la nouvelle était arrivée à Londres avant le capitaine Sartorius, à cause de sa longue traversée. J'ai reçu aujourd'hui une lettre de lord Melville, confirmant de la manière la plus forte les ordres précédens, au point qu'on ne doit laisser venir à bord du vaisseau personne, excepté sir John Duckworth et moi, jusqu'à ce que le gouvernement ait envoyé des ordres, ce que vous aurez la bonté d'exécuter strictement. Ayez soin que lui et les siens ne manquent de rien, et envoyez-moi demander tout ce que Brixham ne peut fournir ; je vous le ferai porter par un petit bâtiment. Vous pouvez dire à Napoléon que je lui ai personnellement la plus grande obligation des attentions qu'il a eues pour mon neveu, qui fut pris et amené devant lui à la Belle-Alliance, et qui serait mort s'il n'eût ordonné à un chirurgien de le panser sur-le-champ et ne l'eût envoyé dans une chaumière. Je suis charmé que ce soit tombé entre vos mains en ce moment, parce qu'un Français (un certain M. de Rigny) avait été envoyé de Paris avec cette mission (1). »

Bonaparte se rappela la circonstance en question, et parut très-satisfait des remercîmens de lord Keith.

---

(1) (Voyez, dans le *Moniteur* du 23 juillet 1815, le rapport de M. de Rigny au ministre de la marine.) Le commencement du passage que nous venons de transcrire nous présente de l'obscurité, parce qu'on ne voit pas bien à quoi se rapporte le pronom *ce*. Il y a dans l'original : *I am glad it fell into your hands.* Si, au lieu de *it* (ce), il y avait *he* (il ou lui), le sens serait clair : *Je suis charmé qu'il* (BONAPARTE) *soit tombé entre vos mains.* Si le *Moniteur*, en nous donnant le rapport de M. de Rigny, nous eût fait connaître quelle était sa mission, nous n'aurions éprouvé aucun embarras.

(*Note du traducteur.*)

Napoléon et tous ses compagnons désiraient beaucoup voir le plus grand nombre possible de journaux, mais particulièrement le *Courier*, qu'ils regardaient comme le journal ministériel, et celui qui devait le plus vraisemblablement indiquer les intentions du gouvernement à leur égard. Ils reçurent peu de satisfaction de la lecture de ces papiers, surtout de ceux qu'on suppose attachés au ministère; car non-seulement ils contenaient quantité de choses personnellement offensantes pour eux, mais même ils annonçaient en termes très-clairs qu'on ne permettrait à aucun d'entre eux de débarquer en Angleterre, et que Sainte-Hélène était probablement le lieu de leur destination ultérieure.

Bonaparte affecta toujours de considérer la chose comme un simple bruit de journal, bien que je crois que cela lui donna un peu de malaise. Ses compagnons témoignèrent beaucoup d'ir-

ritation et d'impatience, s'efforçant souvent de me convaincre que notre gouvernement n'avait pas le droit de disposer
d'eux de cette manière, et me parlant
comme si j'étais un des ministres de Sa
Majesté, et si je pouvais avoir de l'influence pour décider de leur sort futur.
Tout ce que je pouvais dire sur ce sujet
ne les empêchait pas d'y evenir fréquemment, et de se récrier contre l'injustice d'une sembla   mesure.

Dans la matinée, le général Gourgaud
revint d'à bord du *Slaney*, que nous avions
trouvé à l'ancre dans la baie. On n'avait
pas permis au général de débarquer, et
il n'avait voulu remettre la lettre dont il
était chargé pour le prince régent à personne autre que S. A. R.

En causant avec madame Bertrand,
elle me dit : « Si l'empereur eût gagné
la bataille de Waterloo, il aurait été
solidement assis sur le trône de France. »

Je répondis : « Cela eût certainement

retardé sa chute; mais, selon toute probabilité, il aurait été renversé à la fin,
parce que les Russes avançaient rapidement, et qu'il n'aurait jamais pu résister
à toutes les forces des alliés. »

— « Si votre armée eût été défaite,
reprit-elle, les Russes n'auraient jamais
agi contre lui. »

— « Je ne crois pas cela, parce qu'ils
faisaient tous leurs efforts pour rejoindre
les alliés, et l'assertion est ridicule. »

— « Ah! vous pouvez en rire comme
beaucoup d'autres personnes, et la chose
ne se découvrira peut-être pas tout de
suite; mais souvenez-vous de ce que je
dis, et soyez assuré qu'à quelque époque
future il sera prouvé que jamais l'intention d'Alexandre ne fut de passer les fron-
tières de France pour s'opposer à lui. »

Dans le courant de la journée, je reçus
quantité de demandes pour être admis à
bord du vaisseau, et entre autres un
billet d'une dame habitant dans le voi-

sinage, laquelle me priait de lui envoyer un canot le lendemain matin : elle avait accompagné son billet d'une corbeille de fruits. Je lui fis une réponse polie, annonçant que mes instructions ne me permettaient pas de lui accorder sa demande : il ne vint plus de fruits de sa part. Lord Gwydir et lord Charles Bentinck firent une démarche semblable, mais sans plus de succès.

L'arrivée de Bonaparte ne fut pas plus tôt connue dans le voisinage, que le vaisseau se trouva entouré d'une foule de bateaux, le monde accourant de tous côtés pour voir cet homme extraordinaire. Il venait souvent sur le pont, et se montrait à l'ouverture des passavans ou aux fenêtres de poupe, apparemment pour satisfaire une curiosité dont il me dit que les Anglais lui paraissaient avoir une très-forte dose.

Dans la soirée, l'officier qui, à l'arrivée du vaisseau, avait été envoyé à Plymouth avec les dépêches pour lord Keith, revint apportant des lettres dont je donne ci-dessous des extraits.

Extrait d'une lettre de l'amiral vicomte Keith, grand croix de l'ordre du Bain, adressée au capitaine Maitland, commandant le vaisseau de Sa Majesté Britannique le Bellerophon, *et datée de la* Ville de Paris, *dans l'Hamoaze, le 24 juillet 1815.*

« Un officier du vaisseau que vous commandez vient de me remettre votre lettre, en date d'aujourd'hui, annonçant votre arrivée à Torbay avec le *Bellerophon* et le *Myrmidon*, ayant à bord Napoléon Bonaparte et sa suite. J'ai reçu aussi votre autre lettre, exposant les circonstances dans lesquelles vous étiez placé lorsque vous vous êtes laissé persuader de recevoir Napoléon à bord. Je transmettrai ces lettres aux lords commissaires de l'amirauté, avec la confiance que le gouvernement de Sa Majesté approuvera pleinement votre conduite. »

Extrait d'une lettre de l'amiral vicomte Keith, grand'croix de l'ordre du Bain, adressée au capitaine Maitland, commandant le vaisseau de Sa Majesté Britannique, le Bellerophon, et datée du 24 juillet 1815.

« Je saisis l'occasion du retour de votre officier pour vous féliciter, ainsi que la nation, et vous remercier de la manière parfaite avec laquelle vous êtes entré dans mes vues, tant à ce sujet, que pour la conduite du blocus, sur lequel j'étais très-inquiet. Il ne se passera pas long-temps avant que vous ne receviez des instructions du gouvernement. Mon premier exprès a dû arriver ce matin vers quatre heures, et j'essaie de transmettre une dépêche télégraphique; mais le temps est couvert. Je vous invite à m'envoyer demander tout ce dont vous pourrez avoir besoin; on vous l'expédiera sur-le-champ. Je vous prie de présenter mes respects à Napoléon. Si je puis lui offrir quelques civilités, je m'y regarderai comme obligé, par devoir autant que par reconnaissance des attentions que le capitaine Elphinstone a reçues de lui sur le champ de bataille. »

Le 25, l'affluence de monde autour
du vaisseau devint encore plus grande
que la veille, et l'anxiété des Français
fut considérablement augmentée par la
confiance avec laquelle les journaux parlaient de l'intention de transférer Bonaparte à Sainte-Hélène. Dans l'après-
midi, il se promena sur le pont environ
une heure, s'arrêtant souvent à l'ouververture des passavans ou vis-à-vis les sabords du gaillard d'arrière, pour donner
au monde l'occasion de le voir, et toutes
les fois qu'il apercevait quelques femmes
bien mises, il ôtait son chapeau et les saluait en s'inclinant.

A dîner, il parla autant que de coutume, et fit beaucoup de questions sur les
espèces de poissons qui fréquentaient la

côte d'Angleterre. Il parut manger avec
plaisir un morceau du turbot qui était
sur la table. Il parla ensuite du caractère des pêcheurs et bateliers de notre
côte, disant : « Ils sont généralement
smogleurs (1), aussi-bien que pêcheurs.
Pendant un certain temps, un grand nombre d'entre eux furent à ma solde pour me
procurer des nouvelles, apporter de l'or
en France et aider les prisonniers de
guerre à s'évader. Ils offrirent même,
moyennant une grosse somme d'argent,
de s'emparer de Louis et de le remettre
entre mes mains ; mais comme ils ne
purent répondre de sa vie, je ne voulus
pas consentir à la chose. »

Le 26, à trois heures du matin, le capitaine Sartorius revint de Londres, où il
avait porté ma dépêche annonçant l'intention manifestée par Bonaparte de s'embarquer sur le *Bellerophon* ; il m'ap-

______

(1) *Smugglers*, contrebandiers.

portait l'ordre de me rendre dans la rade
de Plymouth. Mon vaisseau mit sur-le-
champ à la voile, accompagné du *Myr-*
midon et du *Slaney*. Pendant qu'on levait l'ancre, M. Las Cases vint sur le pont;
je lui dis que le vaisseau avait ordre de
se rendre à Plymouth, pensant que, s'il
le jugeait à propos, il en informerait son
maître.

Peu de temps après que le vaisseau fut
en mer, madame Bertrand se présenta,
et me reprocha avec quelque chaleur
d'avoir négligé d'informer Bonaparte des
ordres que j'avais reçus, et me dit qu'il était
très-offensé. Comme, dans deux ou trois
autres occasions précédentes où les choses
n'allaient pas exactement comme elle le
désirait, elle avait tenu le même langage,
je résolus de m'assurer si Bonaparte avait
exprimé quelque mécontentement, et,
dans ce cas, d'avoir une explication avec
lui; parce que, bien que je fusse disposé
à le traiter avec toute la considération

convenable, il n'avait jamais été dans mes intentions d'être regardé comme responsable envers lui de mes mouvemens. Je rapportai donc à M. Las Cases ce que madame Bertrand m'avait dit, et je le priai de s'assurer si Napoléon avait réellement éprouvé du mécontentement. M. Las Cases alla sur-le-champ dans la chambre, et à son retour m'assura qu'il devait y avoir eu quelque malentendu, parce que rien de pareil n'avait eu lieu.

L'envoi du vaisseau dans un port plus occidental ne fut nullement agréable aux compagnons de mon hôte. Ils concluaient naturellement que si le gouvernement anglais eût eu l'intention de permettre à Bonaparte de débarquer en Angleterre, on ne l'aurait pas transféré plus loin de la capitale. Quant à lui, il ne fit aucune observation à ce sujet, affectant toujours de considérer ce que disaient les journaux comme les conjectures de leurs rédacteurs.

Pendant la matinée du 26, nous eûmes à louvoyer, depuis le Start jusqu'à
la rade de Plymouth, par un fort vent
de la partie du nord. Bonaparte resta
sur le pont la plus grande portion de la
journée. Quand nous entrâmes dans la
rade, je lui montrai le *Breakwater* (1),
et j'expliquai la manière dont on le con-
struisait. Il me dit que c'était une grande
entreprise nationale et très-honorable
pour notre pays. Il s'informa de la dépense, et parut surpris quand je lui dis
qu'on espérait la terminer pour moins
d'un million sterling (vingt-cinq millions de francs). Il dit ensuite : « J'ai
dépensé considérablement d'argent pour
creuser le port de Cherbourg et pour éle-
ver le fort Boyart, afin de protéger le
mouillage de l'île d'Aix; mais je crains

-----

(1) Brise-lame. Digue élevée par les Anglais à l'instar
de celle de Cherbourg, pour abriter la rade de Plymouth contre la grosse mer.

(Note du traducteur.)

qu'aujourd'hui ces grands ouvrages et beaucoup d'autres que j'avais entrepris, ne soient négligés et qu'on ne les laisse tomber en ruine. »

Quand le vaisseau eut jeté l'ancre, j'informai Bonaparte que j'allais me rendre auprès de l'amiral commandant en chef, et lui demandai si je pouvais transmettre quelque message de sa part. Il me pria de porter ses remercîmens à lord Keith pour les intentions bienveillantes qu'il avait exprimées à son égard dans les lettres qu'il m'avait adressées, et de lui dire qu'il désirait extrêmement voir sa seigneurie, si cela pouvait se faire sans manquer à ses ordres. Quand je transmis ce message à lord Keith, il me répondit : « J'irais le voir avec beaucoup de plaisir; mais, pour vous dire la vérité, je n'ai pas encore reçu d'instructions relativement à la manière dont il doit être traité; et jusqu'à ce que je les reçoive, je ne saurais aller lui rendre visite. » Il me remit alors des ordres prescrivant quelques précautions pour prévenir l'évasion de Bonaparte ou toute tentative pour l'effectuer. En voici des extraits.

Extrait d'un ordre de l'amiral vicomte Keith, grand'croix de l'ordre du Bain, adressé au capitaine Maitland, commandant le vaisseau de Sa Majesté Britannique le Bellerophon, *et daté de l'Hamoaze, le 26 juillet* 1815.

« Indépendamment des ordres que vous avez déjà reçus, vous devez apporter la plus stricte attention aux dispositions contenues dans l'extrait, ci-inclus, d'une lettre du secrétaire de l'amirauté. Si le général Gourgaud n'a pas encore été extrait du *Slaney*, vous devrez le faire transférer sur-le-champ à bord du vaisseau que vous commandez; je joins ici, pour votre instruction, une copie de l'ordre général que j'ai publié pour défendre la communication avec le vais-

seau que vous commandez. Mon intention est d'ordonner à la *Liffey* et à
l'*Eurotas* de mouiller près de vous, et
de faire des rondes avec leurs canots. »

Extrait d'une lettre du secrétaire de l'amirauté,
adressée à l'amiral vicomte Keith, grand'croix
de l'ordre du Bain, et datée du 24 juillet 1815.

« En priant votre seigneurie de se
référer à la lettre de M. Croker, en date
du 1er. du courant, concernant Bonaparte, je dois vous signifier les intentions de leurs seigneuries, pour que
vous ayez à donner les ordres les plus
positifs au capitaine Maitland d'empêcher toute communication avec la terre,
excepté par son intermédiaire d'abord,
et ensuite par celui de votre seigneurie;
et de ne permettre sous aucun prétexte
à quelque personne que ce soit, de venir à bord du vaisseau sans une permission par écrit de votre seigneurie,
laquelle permission, pour des raisons

patentes, ne devra être accordée que dans le cas où le service public pourra l'exiger ; enfin, on doit prendre des mesures convenables pour empêcher les canots et autres embarcations de se rassembler en foule près du *Bellerophon*.

» Votre seigneurie empêchera les capitaines de votre escadre de communiquer jusqu'à nouvel ordre avec le *Bellerophon*. »

Copie du Memorandum *adressé aux capitaines respectifs des frégates de Sa Majesté Britannique la* Liffey *et l'*Eurotas.

« A bord de la *Ville de Paris*, dans l'Hamoaze, le 26 juillet 1815.

» *Memorandum.*

» La *Liffey* et l'*Eurotas* devront s'établir à l'ancre de chaque côté du *Bellerophon*, à une distance convenable, et observer les dispositions suivantes tant pour prévenir l'évasion de Bonaparte ou de quelqu'un de sa suite de ce vaisseau, que pour empêcher les bateaux venant de terre ou tous autres d'approcher trop près dudit vaisseau par curiosité ou tout autre motif.

» On établira de jour, pour la garde de chacune des deux frégates, un quart complet et commandé par un officier comme à la mer. Les sentinelles seront doublées, et l'on tiendra constamment le long du bord un canot de garde, armé et équipé. La même précaution sera observée toute la nuit, à l'exception qu'un des deux canots de garde, commandé par un lieutenant, fera la ronde et sera relevé d'heure en heure.

» On ne devra souffrir de nuit ni même de jour, qu'aucun bateau approche du *Bellérophon* à plus d'une encâblûre (1), et l'on ne leur permettra pas même à cette distance de rôder autour du vaisseau par curiosité ou tout autre motif.

---

(1) Cent toises.

Les capitaines de la *Liffey* et de l'*Euro-*
tas, ni aucun autre officier, appartenant
à l'une ou l'autre de ces frégates, ne devront non plus aller à bord du *Bellero-*
rophon, soit en visite, soit sous tout autre prétexte, sans ma permission par
écrit.

» Signé, KEITH, *amiral.* »

Quand je revins à bord de mon vaisseau, je trouvai que les frégates avaient
pris leurs positions, ainsi qu'il était mentionné dans le dernier ordre, et que leurs
canots s'efforçaient, autant que possible,
de maintenir les bateaux venant de terre
à la distance prescrite du *Bellerophon*.
Je répétai à Bonaparte ce qu'avait dit
lord Keith; à quoi il répondît : « Je suis
extrêmement impatient de voir l'amiral,
et, en conséquence, je le prie de ne pas
tenir à l'étiquette (1) : je serai satisfait

______

(1) *Stand upon ceremony*.

d'être traité comme un simple particulier, jusqu'à ce que le gouvernement anglais ait décidé comment on doit me considérer. » Il se plaignit ensuite qu'on eût placé deux frégates, en bâtimens de garde, pour le surveiller : « Comme si, observat-il, je n'étais pas parfaitement en sûreté à bord d'un vaisseau de ligne. » Puis il ajouta : « Les canots des bâtimens de garde ont tiré des coups de fusil pendant toute la soirée pour écarter les embarcations, cela me trouble et me peine (1) ; je vous serai obligé de l'empêcher, si c'est en votre pouvoir. »

J'envoyai sur-le-champ dire aux capitaines des frégates de faire cesser le feu.

Le 27, je reçus du secrétaire de l'amirauté une lettre, dont voici un extrait :

____

(1) *It disturbs and distresses me.*

Extrait d'une lettre du secrétaire de l'amirauté, adressée au capitaine Maitland, commandant le vaisseau de Sa Majesté Britannique le Belle-rophon, *et datée du* 25 juillet 1815.

« J'ai reçu et mis sous les yeux des lords commissaires de l'amirauté, votre lettre en date d'hier, annonçant votre arrivée à Torbay, avec le *Bellerophon* et le *Myrmidon*, ayant à bord Napoléon Bonaparte et sa suite, et contenant copie d'une lettre que vous aviez adressée à l'amiral lord Keith, pour lui rendre compte de votre conduite dans les diverses occurrences qui ont précédé l'embarquement de Bonaparte. Leurs seigneuries ont bien voulu m'ordonner de vous en signifier leur approbation. »

J'allai, dans la matinée, rendre visite à lord Keith, et je portai avec moi l'original de la lettre de Bonaparte au prince Régent, que le général Gourgaud avait

refusé de remettre au capitaine Sartorius.
Voyant qu'on ne voulait pas permettre à
un de ses officiers de la porter, il consentait à ce qu'elle fût transmise par l'intermédiaire de l'amiral.

Je rendis compte à sa seigneurie de tout
ce qui était arrivé la veille, et lui dis, qu'en
conséquence de la fréquente répétition
dans les journaux, que l'intention du gouvernement de Sa Majesté était d'envoyer
Bonaparte à Sainte-Hélène, Napoléon
ainsi que les officiers de sa suite avaient
montré beaucoup d'agitation. Je remplis
aussi son message, portant qu'il désirait
voir l'amiral, et qu'il consentait volontiers à mettre de côté toute étiquette et
à être traité comme un simple particulier.

Lord Keith répondit : « Je ne trouve
plus aucune difficulté à aller le voir,
ayant reçu des instructions complètes
sur la manière dont il doit être traité : on
doit le considérer comme général en chef,
et lui rendre tous les honneurs dus à ce

rang, mais rien de plus. Vous pouvez
donc dire que j'irai le voir demain matin. » Lord Keith me remit en même
temps les nouveaux ordres ci-après :

*Extrait d'une lettre de l'amiral vicomte Keith,
grand'croix de l'ordre du Bain, adressée au
capitaine Maitland, commandant le vaisseau
de Sa Majesté Britannique le* Bellerophon, *et
datée de la* Ville de Paris, *dans l'Hamoaze, le
27 juillet* 1815.

« Je vous transmets ci-joint l'extrait
d'un ordre contenant certaines dispositions relatives à Bonaparte et à sa suite.
Vous les mettrez sur-le-champ à exécu-
tion, en faisant passer à bord de la *Liffey* ou du *Myrmidon*, avec des instructions semblables à celles qui vous ont
été adressées à vous-même, celles des
personnes de sa suite qui doivent être
retirées du vaisseau que vous commandez. »

*Extrait d'un ordre des lords commissaires de l'a-
　　miraulé, adressé à l'amiral vicomte Keith,
　　grand'croix de l'ordre du Bain, et daté du
　　25 juillet 1815.*

« L'amiral devra donner immédiatement des ordres pour que, à l'arrivée
du *Bellorophon*, Napoléon Bonaparte
demeure sur ce vaisseau ou sur tout
autre vaisseau de guerre que nous dé-
signerons, jusqu'à ce que la volonté
ultérieure du prince régent ait été no-
tifiée. Il ne lui sera permis, sous aucun
prétexte, d'aller à terre, ni d'entretenir
des communications avec la terre ou
avec les autres vaisseaux, soit personnellement, soit par écrit. Il ne devra
pas demeurer sur le même vaisseau que
lui plus de quatre ou cinq personnes de
sa suite (outre les simples domestiques).
Le reste de sa suite sera tenu sous la
même contrainte, à bord d'autres bâtimens de guerre. Napoléon Bonaparte

doit être considéré et traité comme un officier du rang de général d'armée, et on lui en donnera le titre en s'adressant à sa personne. »

En conséquence de ces ordres, plusieurs des officiers d'un rang inférieur et quelques-uns des domestiques furent envoyés à bord des frégates chargées de nous garder.

Dans l'après-midi, sir Richard Strachan et son épouse, accompagnés de madame Maitland, vinrent le long du vaisseau. Bonaparte se promenait sur le pont. Quand je lui eus dit que ma femme était dans le canot, il vint à l'ouverture du passavant (1), ôta son chapeau et

____

(1) C'est-à-dire au haut de l'escalier du vaisseau, qui vient aboutir en cet endroit où d'ordinaire on ménage, en guise de porte, un passage entre l'extrémité de la muraille du gaillard d'arrière et le bastingage du passavant.

(Note du traducteur.)

10

demanda à madame Maitland si elle ne voulait pas monter pour lui rendre visite. Ma femme secoua la tête, et je dis à Bonaparte que mes ordres étaient si positifs que je ne pouvais pas même permettre à mon épouse de venir à bord; il répondit: « C'est dur, çà ! » Puis s'adressant de nouveau à madame Maitland: « Milord Keith est un peu trop sévère, n'est-ce pas, madame ? » Il se tourna ensuite vers moi et dit : « Ma foi, son portrait ne la flatte pas; elle est encore plus jolie. » Je lui dis que sir Richard Strachan était dans le canot avec elle, et qu'il était commandant en second de la flotte de la Manche. Il le salua et me dit : « Il paraît bien jeune pour occuper un si haut rang. »

Il vint ce jour-là autour du vaisseau une grande quantité de bateaux remplis de monde. On y remarquait beaucoup de femmes parfaitement mises. Bonaparte exprima en termes très-flatteurs son admiration pour la beauté des femmes anglaises, et me demanda quelles étaient les dames comme il faut, parce qu'elles étaient toutes si élégamment habillées qu'il ne pouvait faire aucune distinction.

Dans la soirée je reçus de lord Keith une lettre dont je joins ici un extrait :

Extrait d'une lettre de l'amiral vicomte Keith, grand'croix de l'ordre du Bain, adressée au capitaine Maitland, commandant le vaisseau de Sa Majesté Britannique le Bellerophon, *et datée de la* Ville de Paris, *dans l'Hamoaze, le 27 juillet* 1815.

« D'après les représentations que vous m'avez faites, au sujet du mécontentement exprimé par Bonaparte, de ce que les journaux disent qu'il doit être envoyé à Sainte-Hélène, il sera nécessaire que vous redoubliez de vigilance pour prévenir son évasion. Vous devrez en conséquence doubler les sentinelles, et recourir à tous autres moyens qui pourraient être nécessaires pour frustrer toute tentative à cet égard. »

Le 28 juillet, lord Keith vint à bord, entre onze heures et midi. Je le conduisis dans la chambre, où le comte Bertrand le présenta à Bonaparte. Je me retirai sur-le-champ, et ne puis par conséquent dire ce qui se passa entre eux ; mais lord Keith m'informa ensuite que Bonaparte s'était montré très-impatient de savoir si le gouvernement avait pris quelque détermination relativement à la manière de disposer de sa personne ; ce sur quoi sa seigneurie protesta être dans la plus complète ignorance.

Après que lord Keith eut quitté la chambre de Bonaparte, il demeura quelque temps avec les personnes de sa suite, qui s'étaient réunies dans la chambre de parade (1). Madame Bertrand le tira à part pour lui dire ce qu'elle m'avait répété au moins cent fois, savoir, que ce serait le comble de l'injustice que de les envoyer à Sainte-Hélène, et elle chercha à lui persuader d'intervenir pour empêcher du moins son mari d'aller là, si l'on y envoyait Napoléon.

Pendant toute la journée du 29, il plut sans relâche, et il n'arriva rien qui mérite d'être rapporté. Les Français se trouvèrent privés de leur amusement ordinaire, d'admirer les dames et d'être admirés à leur tour, aucun bateau ne s'étant montré. Ils disaient souvent, avec la vivacité qui caractérise leur nation, qu'ils étaient placés dans la situation de Tantale, ayant tant de

---

(1) Ce que l'on nomme, à bord des vaisseaux français, *la chambre de conseil.*

beautés en vue, sans pouvoir en approcher.

Le dimanche 3o, la foule des bateaux fut plus considérable que je ne
l'avais encore vue. Je suis certain de
ne pas exagérer, en disant qu'il y en avait
autour du vaisseau plus de mille, dans
chacun desquels, terme moyen, il n'y
avait pas moins de huit personnes. La
presse était si forte, qu'il était tout-à-
fait impossible aux canots de garde
d'éloigner cette multitude d'embarcations, quoique l'un des canots en question employât pour cela des moyens
très-violens, allant à force de rames
donner de la proue contre de petits
bateaux contenant des femmes, heur-
tant ces frêles barques, avec une violence qui manquait de les faire chavi-
rer et effrayait extrêmement les dames.
Les officiers français étaient indignés
de cette conduite brutale, et s'écriaient :
« Est-ce là votre liberté anglaise? Si

pareille chose arrivait en France, les hommes se lèveraient en masse et jetteraient cet officier et son équipage par-dessus le bord. »

Depuis l'arrivée du vaisseau en Angleterre, Bonaparte quittait rarement sa chambre plus tôt que cinq heures après midi. Il passait son temps à se promener le long des fenêtres de poupe, lisait beaucoup (1), et s'endormait quelquefois sur un sopha, étant devenu très-enclin au sommeil depuis deux ou trois ans.

Je lui annonçai, ce même jour, que lord Keith avait été informé que sir Henry Bunbury, l'un des sous-secrétaires d'état, devait arriver dans le courant de la journée avec la décision du gou-

---

(1) Les livres qui semblaient occuper son attention, lorsque j'eus occasion de l'observer, étaient la vie de Washington, et une traduction des poésies d'Ossian.

(*Note du capitaine* MAITLAND.)

vernement anglais, relativement à la disposition ultérieure de sa personne. Il
m'adressa quantité de questions ; mais,
bien que lord Keith m'eût appris que
Bonaparte devait aller à Sainte-Hélène,
il m'avait en même temps prié de ne pas
lui annoncer cette nouvelle ; j'étais, en
conséquence, obligé d'éluder de mon
mieux ses pressantes interrogations.

Il parut dans les journaux qui nous
arrivèrent de Londres, ce jour-là, une
liste des personnes proscrites par le gouvernement de France. Parmi celles de la
première classe, figuraient les noms de
Bertrand, Savary et Lallemand. Le premier traita la chose avec dérision ; les
deux autres parurent fort alarmés, et me
demandèrent souvent si je croyais possible que le gouvernement anglais les
livrât à Louis. « Je ne le crois décidé-
ment pas, répondis-je. Vous avez été
reçus à bord d'un vaisseau anglais, et
il ne saurait être dans l'intention des mi-

nistres de vous livrer au châtiment dont on vous menace. » Toutefois cela ne les satisfaisait nullement; et une frégate française portant pavillon blanc et qui se trouvait dans l'Hamoaze, était pour eux un objet de beaucoup d'ombrage.

Lorsque j'allai rendre mes devoirs à lord Keith, le matin du 31 juillet, il m'annonça que sir Henry Bunbury était arrivé et devait l'accompagner à bord du *Bellerophon*, le jour même à dix heures. Il me montra aussi une notification de la décision du gouvernement concernant Bonaparte, dans laquelle on lui donnait d'un bout à l'autre le titre de général. Elle portait qu'il devait être envoyé à Sainte-Hélène, et qu'il lui serait permis d'emmener avec lui trois des personnes de la classe la plus élevée, parmi celles qui l'avaient accompagné hors de France, et douze domestiques. Toutes ces personnes devaient être choisies par lui, en exceptant Savary et Lallemand, à qui, sous aucun prétexte, il ne devait être permis de le suivre. Je retournai sur-le-champ à bord pour être prêt à recevoir lord Keith et sir Henry Bunbury. J'informai Bonaparte de leur prochaine arrivée. Il me demanda si je savais ce qu'ils avaient à lui communiquer. Comme j'en avais obtenu l'autorisation de la part de lord Keith, je lui dis que j'avais appris qu'il était décidé de l'envoyer à Sainte-Hélène. Son esprit avait été jusqu'alors tellement préparé à cet événement par les journaux, qu'il ne montra pas une très-forte émotion au moment où il reçut la confirmation de ce qu'on avait annoncé. Cependant il se plaignit en termes extrêmement énergiques de l'injustice d'une pareille mesure. Toutefois, comme le canot de l'amiral approchait, et que j'étais obligé d'aller sur le pont pour le recevoir, je ne m'entretins pas long-temps alors avec Bonaparte.

Lord Keith et sir Henry Bunbury arrivèrent à environ dix heures et demie. Je les introduisis dans la chambre où se trouvait Bonaparte avec le général Bertrand. Je me retirai et les laissai enfermés avec lui pendant environ une demi-heure. Au bout de ce temps, lord Keith m'appela dans la chambre de devant (1), où toute la suite était assemblée. Je présentai successivement chaque personne à l'amiral et à sir Henry. Tous ces messieurs paraissaient très-affligés, mais particulièrement Savary et Lallemand. Ils montraient extrêmement d'ardeur pour savoir de quelle manière on devait disposer d'eux ; protestant avec la plus grande véhémence contre leur remise au gouvernement de France, comme une violation de toute espèce de foi et d'honneur.

––––––––

(1) Celle qui sert de salle à manger dans les vaisseaux français, et qui forme en même temps salon sur ceux des vaisseaux anglais, où la chambre d'arrière contient le lit du capitaine.

(Note du traducteur.)

Madame Bertrand engagea de nouveau
lord Keith , à employer son influence
auprès de notre gouvernement pour empêcher son mari d'accompagner Bonaparte à Sainte-Hélène.

Aussitôt que l'amiral eut quitté le vaisseau, Bonaparte me fit appeler, et me
montra le même papier que lord Keith
m'avait communiqué le matin. Après que
j'en eus fait lecture, il se plaignit vivement
du traitement qu'on lui faisait éprouver
en l'envoyant à Sainte-Hélène. « L'idée
seule, dit-il, m'en fait horreur. Être relé-
gué pour la vie dans une île entre les
tropiques, à une distance immense de
tout continent, privé de toute communication avec le monde, et de tout ce
qu'il renferme de cher à mon cœur!...
C'est pis que la cage de fer de Tamerlan.
Je préférerais qu'on me livrât aux Bourbons. Entre autres insultes (mais ceci
n'est qu'une bagatelle, une chose très-
secondaire), ils m'appellent général! Ils

n'ont pas le droit de m'appeler général ;
ils peuvent aussi - bien m'appeler pri-
mat (1), car j'étais chef de l'église aussi-
bien que de l'armée. S'ils ne me recon-
naissent pas comme empereur, ils doivent
me reconnaître comme premier consul.
Ils m'ont envoyé des ambassadeurs à ce
titre, et votre roi, dans ses lettres, me
qualifiait de frère. Si l'on m'eût renfermé
à la tour de Londres, ou dans une des
forteresses de l'Angleterre (quoique ce
ne fût pas là ce que j'avais espéré de la
générosité du peuple anglais), j'aurais
eu beaucoup moins de raison de me
plaindre ; mais m'exiler dans une île entre
les tropiques ! autant aurait valu signer
tout de suite mon arrêt de mort, car il est
impossible qu'un homme de mon tem-
pérament et de mes habitudes puisse
vivre long-temps dans un pareil climat. »

Il exprima ensuite le désir d'écrire une

---

(1) Il y a en anglais *archbishop* (archevêque).

autre lettre au prince Régent. Je portai cette lettre, dans l'après-midi, à lord Keith, qui l'envoya sur-le-champ à Londres.

Les généraux Savary et Lallemand ne cessèrent, pendant toute la journée, d'en appeler à moi de l'injustice qu'il y aurait de la part de notre gouvernement à les livrer à celui de France, disant qu'il n'y avait pas de doute qu'on n'eût cette intention; autrement, pourquoi les excepter du nombre des personnes qui accompagneraient l'empereur? Étant tous deux mariés, et Savary père d'une nombreuse famille, ni l'un ni l'autre n'auraient désiré d'aller à Sainte-Hélène; mais se voir exceptés et voir en même temps leurs noms figurer sur la liste des proscrits, était pour eux une preuve trop évidente du sort qu'on leur réservait. C'est ainsi qu'ils s'exprimaient. Savary ajoutait : « Si l'on devait m'accorder d'être jugé d'une manière équitable et impartiale, je n'aurais rien à redouter, n'ayant jamais accepté aucun emploi sous Louis; mais à présent qu'une faction domine, je serai inévitablement sacrifié à la rage du parti. Le cas de Lallemand est tout-à-fait différent. Il a exercé un commandement sous le roi; et, au retour de Napoléon de l'île d'Elbe, il l'a rejoint avec ses troupes ; par conséquent, dans tous les temps, sa position serait dangereuse. Moi, j'ai vécu à la campagne tout le temps que Louis fut en France, et je ne me suis pas mis en avant jusqu'à l'arrivée de Bonaparte à Paris, où il m'ordonna de prendre le commandement de la gendarmerie. »

Lallemand disait : « Mon motif pour venir à bord du *Bellerophon* avec Las Cases, le 14 au matin, était de m'assurer s'il y aurait du risque pour quelques-uns des compagnons de l'empereur, d'être livrés au gouvernement français, dans le cas où ils l'accompagneraient en Angleterre. Vous m'assurâtes qu'il n'y avait aucun danger. »

Je répliquai : « La réponse que je vous fis fut que, dans mon opinion, il ne pouvait y avoir de risque que le gouvernement anglais commît une pareille action ; et je ne vois pas de raison maintenant pour changer d'opinion. Vous ayant reçu à bord du *Bellerophon*, je vous considère comme étant sous la protection du pavillon anglais, et moi comme étant en grande partie responsable de votre sûreté personnelle. D'après cela, j'écrirai sur ce sujet à lord Melville, comme étant le ministre sous les ordres immédiats duquel j'agis, afin qu'on tranquillise votre esprit ; bien que, je vous le répète, vous ne couriez aucun hasard d'être renvoyé en France. »

Le soir même, avant de me mettre au lit, j'écrivis la lettre suivante :

Au vicomte Melville, premier lord de l'ami-
rauté, etc.

, A bord du vaisseau de S. M. B. le *Bellerophon*,
en rade de Plymouth, le 31 juillet 1815.

» Milord,

» Je suis porté à m'adresser à votre
seigneurie, en conséquence de ce que j'ai
observé, dans la notification remise à
Napoléon du nombre de personnes auxquelles il est permis de l'accompagner à
l'île de Sainte-Hélène, que les généraux
Savary et Lallemand en sont expressé-
ment exceptés ; ce qui, joint à ce qu'ils se
sont vus portés sur une liste de proscrits
dans les journaux français, a fait naître
dans leur esprit la croyance que le gouvernement de Sa Majesté avait l'intention
de les livrer au roi de France. Je suis loin
d'avoir une pareille idée; mais j'espère
que votre seigneurie aura quelque égard
pour les sentimens d'un officier qui ne

connaît rien d'aussi précieux pour lui que son honneur, et qui ne pourrait voir ternir un nom qu'il s'est toujours efforcé de porter et maintenir sans tache. Les généraux Savary et Lallemand (j'ignore quel est leur caractère et la conduite qu'ils ont pu tenir dans leur pays) se sont réfugiés sous la protection du pavillon anglais. Cette protection leur a été accordée sous la sanction de mon nom. Il est vrai qu'aucunes conditions ne furent stipulées; néanmoins j'ai agi dans la pleine confiance que leur vie serait sacrée; autrement ils n'auraient jamais posé le pied sur le vaisseau que je commande, avant d'avoir été informés qu'on les y recevait pour les livrer à la vengeance des lois de leur pays.

» Je prends la liberté de répéter de nouveau à votre seigneurie que je suis loin de supposer au gouvernement de Sa Majesté l'intention de les abandonner à la justice de leur pays ; mais comme ils sont fortement pénétrés de cette croyance, et qu'ils me regardent comme étant cause qu'ils se trouvent dans leur situation actuelle, je réclame très-instamment de votre seigneurie qu'elle emploie son influence pour qu'on n'envoie pas à l'échafaud deux hommes qui ont invoqué et obtenu par mon entremise la protection du pavillon anglais.

» J'ai l'honneur d'être, etc.

» FRÉD. L. MAITLAND. »

Je m'étais persuadé que Bonaparte, après la notification qu'il avait reçue, serait trop accablé pour se montrer ce jour-là sur le pont; c'est pourquoi j'avais expédié un canot pour faire dire à quelques-uns de mes amis, qui étaient venus dans l'espérance de le voir et qui attendaient à la distance prescrite, qu'il n'y avait pas de chance de l'apercevoir, attendu qu'il était trop affecté de la communication qui lui avait été faite. Je fus donc fort surpris, en me retournant, de le trouver à mon côté. Je ne puis m'expliquer son motif pour se montrer comme de coutume, qu'en supposant ou qu'il n'était réellement pas aussi tourmenté (1) que je l'avais cru, ou qu'il était mû par le désir d'exciter un sentiment de commisération en sa faveur parmi le peuple anglais.

A dîner, il causa comme à l'ordinaire; et, en vérité, c'était une chose étonnante de voir la flexibilité d'esprit avec laquelle il reprenait son calme et sa gaieté ordinaires, après des épreuves et des désappointemens de cette nature. Jamais je ne l'entendis proférer aucune menace de suicide, et je ne crois pas qu'il l'ait fait dans aucune occasion : la seule expression dont il se soit servi en ma présence, et qu'on eût pu interpréter comme une

____

(1) *Annoyed.*

menace de ce genre, fut celle-ci : « Je n'irai pas à Sainte-Hélène. »

Bonaparte se couchant toujours de bonne heure, les officiers français et les dames avaient coutume de s'assembler tous les soirs dans la grand'chambre (1) pour boire du vin et de l'eau, du punch ou du bishop, mélange de vins de Porto ou de Madère, de muscade et d'autres ingrédiens, bien connu des marins anglais, et qui était fort au goût de nos hôtes étrangers.

J'étais assis ce soir-là à côté du général

______

(1) Ce que les Anglais appellent *ward-room*, est exactement la *grand'chambre* des vaisseaux français. Ce logement, qui est celui des officiers militaires de la marine (c'est-à-dire des lieutenans et enseignés chez nous, et des lieutenans chez les Anglais), est situé sur le second pont du vaisseau, et séparé du reste de la batterie par une cloison amovible établie d'une muraille à l'autre à toucher le mât d'artimon. Les cabines d'officiers sont situées de chaque côté de ce vaste espace, et formées par de simples panneaux en toiles à châssis de bois; ceux-ci se démontent et s'enlèvent, ainsi que les lits

Montholon, quand madame Bertrand entra. Je lui dis : « Ne voulez-vous pas vous asseoir et prendre quelque chose? » Elle fit une réponse que je pris pour *non*, et passa rapidement dans la cabine du premier lieutenant, qu'elle occupait depuis qu'elle était venue à bord. M. Montholon, qui l'avait observée avec plus d'attention que moi, se leva subitement et la suivit. Bientôt un cri perçant et une grande rumeur se firent entendre dans la cabine, et quelqu'un cria : « La comtesse est tombée à la mer! » Je courus sur le pont, afin de faire mettre une embarcation à

des officiers, lorsqu'on fait le branle-bas, ce qui a lieu tous les matins quand le vaisseau se trouve à la mer, surtout en temps de guerre; mais le capitaine Maitland ne le faisait point faire par considération pour ses hôtes nombreux (en faveur desquels il avait déplacé ses propres officiers), n'ayant d'ailleurs aucune attaque à craindre alors de la part de la marine française. Le milieu de la grand'chambre sert de salle à manger et de salon aux officiers.

(Note du traducteur.)

l'eau ou d'appeler les canots de garde à son secours. En regardant en dehors vers l'endroit où elle devait être tombée, et ne voyant pas la moindre agitation à la surface de l'eau, je fus convaincu que c'était une fausse alarme, et je redescendis dans la grand'chambre.

Pendant ce temps, on avait placé madame Bertrand sur son lit, où elle était dans un violent accès hystérique (1), injuriant par intervalles la nation anglaise et son gouvernement, de la manière la plus vive et la plus outrée, tantôt en français et tantôt en anglais. Le général Lallemand, qui se promenait dans la grand'chambre d'un air très-agité, faisait chorus avec elle, et se mit à dire, entre autres choses, que c'était horrible de faire venir des gens à bord d'un vaisseau pour les égorger.

Je me retournai et dis : « Monsieur Lal-

____

(1) *In strong hysterics.*

lemand, ce que dit une femme, dans un
état d'irritation violente, tel que celui
où se trouve à présent madame Bertrand,
je le regarde comme de peu de conséquence; je suis également disposé à accorder tout ce qu'il est possible d'indul-
gence à la situation où vous êtes placé;
mais je ne saurais entendre parler en
pareils termes du gouvernement de
mon pays; et si vous ne cessez, ou si
vous n'employez un langage plus respec-
tueux, je serai dans la nécessité de prendre des mesures qui seront très-désagréables et pour vous et pour moi. »

Ces paroles eurent l'effet que j'en attendais. Quand le tumulte fut apaisé,
je me retirai dans ma cabine, et j'étais
occupé à écrire la lettre à lord Melville
en faveur de MM. Savary et Lallemand,
quand le dernier arriva suivi des généraux
Montholon et Gourgaud. Ils entrèrent
sur-le-champ en conversation avec moi
touchant la cruauté de leur situation.

Après avoir débité une foule de choses sur ce sujet, ils dirent : « Vous pouvez y compter, l'empereur n'ira jamais à Sainte-Hélène ; il se tuera plutôt. C'est un homme d'un caractère déterminé, et ce qu'il dit, il le fera. » — « A-t-il jamais dit qu'il se tuerait, » demandai-je. — « Non ; mais il a dit qu'il n'irait pas à Sainte-Hélène, ce qui signifie la même chose ; et s'il y consentait, nous sommes ici trois qui avons résolu de l'en empêcher. » Je leur dis qu'ils eussent à bien peser les conséquences, avant de risquer une chose de ce genre.

Le lendemain 1ᵉʳ. août, je fus trouver lord Keith, et je lui rendis compte de tout ce qui était arrivé la veille. Je lui montrai aussi la lettre que j'avais écrite et que je comptais adresser à lord Melville, concernant les généraux Savary et Lallemand. Il la lut et dit que, bien qu'il ne partageât pas mon opinion, et ne crût point que mon honneur et ma réputation se trouvassent nullement impliqués, il ne voyait rien de mal dans la lettre. Il ajouta. « Dites à ces messieurs qui ont menacé d'être les exécuteurs de Bonaparte que la loi d'Angleterre punit de mort les assassins, et que la conséquence certaine d'un pareil acte serait de finir leurs jours à la potence (1). »

Après avoir quitté sa seigneurie, j'eus une entrevue avec sir Henry Bunbury, qui allait repartir pour Londres, et je lui fis part de mes sentimens au sujet de la cruauté de livrer au gouvernement français des hommes qui avaient été reçus sous la protection du pavillon an-

______

(1) Lord Keith nous paraît avoir, ainsi que le capitaine Maitland, fort mal interprété les paroles des trois généraux, en les prenant pour une menace de tuer Napoléon. N'y avait-il pas à tenter, pour l'empêcher d'aller à Sainte-Hélène, cent moyens extrêmes à la vérité, mais plus conformes au caractère et au courage d'officiers français? La suite de Bonaparte se composait d'une cinquantaine de personnes qui n'avaient pas encore été désarmés. *(Note du traducteur.)*

glais. Je dis que, pour moi, je ne croyais pas qu'on eût une pareille intention; mais qu'ils en avaient tellement la conviction, que cela m'avait porté à écrire à lord Melville, et que je prenais la liberté de lui déclarer que je me regarderais comme déshonoré à jamais, si je devenais en quelque sorte l'instrument de leur mort. Sir Henry m'écouta, mais n'ouvrit pas la bouche que je n'eusse fini. Il me dit alors qu'il rapporterait ce que je lui avais dit aux ministres de Sa Majesté.

Madame Bertrand garda le lit toute la journée et ne parut point à dîner. Quand Bonaparte vint sur le pont, il demanda à M. O'Meara, le chirurgien du vaisseau, des nouvelles de la santé de cette dame; puis il dit avec un sourire d'incrédulité : «Pensez-vous réellement, docteur, qu'elle voulait se noyer ? » J'adressai la même question à M. Montholon, qui dit qu'il n'en avait pas le moindre doute, parce que, lors-qu'il l'avait suivie dans la cabine, elle se jetait réellement par la fenêtre de la *galerie* (1); qu'il s'élança et la saisit; mais qu'elle demeura supendue par la barre qui traverse la fenêtre ayant la plus grande partie de son corps en dehors, jusqu'à ce que quelqu'un fût venu l'aider à la tirer en dedans. La barre dont il s'agit avait été placée pour empêcher de tomber hors du bord quand la fenêtre était ouverte et que le vaisseau avait beaucoup de mouvement à la mer.

En revenant à bord du vaisseau, après

---

(1) Le mot anglais *gallery* doit désigner ici ce que nous appelons *bouteille* dans les vaisseaux français. C'est une espèce de retranchement que l'on forme en dehors de chaque côté de la poupe, pour remplir le vide que la rentrée laisse entre la muraille et l'extrémité de la circonférence du tableau, et raccorder ces parties. Les bouteilles servent de cabinets d'aisance pour les officiers, et communiquent avec l'intérieur du bâtiment par des portes percées dans la grand'chambre. Il paraît, et les convenances le voulaient ainsi, qu'on avait disposé les cabines de manière que celle de madame Bertrand communiquât directement avec une des bouteilles.

(*Note du traducteur.*)

avoir été rendre visite à lord Keith, je fus à la cabine de madame Bertrand pour m'informer de sa santé; je la trouvai au lit : je lui demandai comment elle avait pu être assez peu sage (1) pour vouloir se détruire. « Oh ! je suis poussée au désespoir, dit-elle ; je ne sais ce que je fais. Je ne puis persuader à mon mari de rester; il est déterminé à accompagner l'empereur à Sainte-Hélène. » Elle se laissa aller ensuite à débiter cent injures contre Napoléon, disant : « Pourvu que ses vues soient remplies, il ne se soucie pas de ce que deviennent les autres. Il est vrai qu'il a toujours donné à Bertrand des postes lucratifs et honorables; mais les dépenses qu'ils exigeaient, rendaient impossible d'épargner de l'argent. Jamais il ne lui a donné une terre, ni rien qui pût améliorer notre fortune d'une manière durable. »

---

(1) *So indiscreet.*

Une autre fois elle vint à la cabine que j'occupais. J'étais alors à écrire. Elle commença par exiger de moi la promesse de lui garder le secret vis-à-vis des autres personnes de la suite ; puis elle me conjura de faire des démarches pour empêcher son mari d'accompagner Bonaparte. Elle me pria en même temps d'écrire une lettre en son nom à lord Keith, pour l'engager à intervenir dans cette affaire. Je lui répondis qu'il paraîtrait par trop officieux de ma part d'écrire sur un pareil sujet ; mais que je présenterais à lord Keith tout ce qu'elle jugerait à propos de mettre sur le papier. Elle écrivit, et je portai sa lettre ; mais l'amiral refusa d'intervenir, et me pria de lui dire qu'il regardait comme le devoir de toute bonne épouse de suivre la fortune de son mari.

Dans le courant de la conversation que j'ai rapportée plus haut, elle s'échauffa extrêmement en parlant de Napoléon, disant : « Il ne mérite rien de nous, et, dans le fait, il n'y a pas un de ses officiers qui ne voulût de très-bon cœur le quitter. » Toutes les fois qu'elle s'animait, elle ne pouvait pas exprimer ce qu'elle sentait avec assez de rapidité dans la langue anglaise (quoiqu'elle la parlât remarquablement bien, ayant reçu une partie de son éducation en Angleterre); elle avait alors recours au français; et, bien que je lui rappelasse souvent qu'il n'y avait qu'une simple toile qui nous séparait de la grand'chambre, où il se trouvait généralement quelques-uns des officiers français, je ne pouvais la faire se contenir dans de justes bornes. Il en résulta que tout ce qu'elle dit dans cette occasion fut entendu par un de ces officiers.

Lorsque madame Bertrand m'eut quitté, le comte Montholon vint demander à me parler en particulier. Il me fit monter à sa cabine, sur le gaillard, où je trouvai les

généraux Gourgaud et Lallemand. Ces
messieurs me dirent qu'ils avaient été informés de ce que madame Bertrand m'avait
dit, et qu'ils avaient voulu me voir pour
démentir son assertion, qu'ils désiraient
quitter Bonaparte; que, bien loin de là, il
n'y avait pas un d'eux qui ne le suivît avec
plaisir partout où on l'enverrait, et qui
ne sacrifiât sa vie pour le servir. Ils me
prièrent ensuite de leur garder le secret
vis-à-vis de la comtesse.

« En vérité, Messieurs, leur dis-je,
ceci est très-extraordinaire! Vous pré-
tendez savoir tout ce qui s'est dit dans
une conversation particulière que j'ai eue
avec madame Bertrand, et puis vous me
demandez le secret. Vous pouvez compter
que je ne prendrai pas un pareil engage-
ment avant de savoir par quels moyens
vous avez appris ce que vous venez de me
dire. » Ils me déclarèrent alors que l'un
d'eux était allé dans la *galerie* (1), et

____

(1) A la bouteille, voyez page 172.

avait entendu tout ce que madame Bertrand avait dit.

Il n'arriva rien d'important dans la journée du 2 août. Bonaparte ne parut pas sur le pont; il ne voulut pas non plus consentir à désigner les personnes qui l'accompagneraient à Sainte-Hélène. Il paraissait encore nourrir l'espérance que le gouvernement pourrait être porté à reviser sa décision. J'eus un entretien d'une demi-heure avec lui dans sa chambre. La conversation consista de sa part en plaintes; il se récria sur la cruauté qu'il y avait à l'envoyer à Sainte-Hélène. Il me fit aussi quantité de questions sur cette île, son étendue, son climat et ses productions; il demanda s'il serait possible d'y prendre de l'exercice à cheval, s'il y avait du gibier, etc. Je ne pus répondre à toutes ces questions que par ouï-dire, n'ayant jamais moi-même visité Sainte-Hélène. Il parla peu à dîner, et parut indisposé. Dans la soirée, le général Bertrand me dit que les cris des sentinelles, pendant la nuit (1), troublaient Bonaparte et l'empêchaient de dormir. Je donnai sur-le-champ des ordres pour qu'on cessât de crier tant qu'il resterait à bord.

Le 3 août, Bonaparte garda la chambre. Quand je fus à bord de l'amiral, je le trouvai qui reconduisait jusqu'au canot d'honneur de la *Ville-de-Paris*, quelques dames qui étaient venues avec sir William Lemon. Lorsqu'on me présenta à sir William, il me dit que le bruit courait qu'un canot avait dû venir la veille à dix heures du soir sous la poupe du *Bellerophon* pour effectuer l'é-

---

(1) Les sentinelles, à bord des vaisseaux anglais et sur les remparts des places de guerre, crient de temps à autre : *All's well !* (tout est bien !); comme chez nous on crie, dans certains cas sur terre : *Sentinelles, prenez garde à vous !* et à bord des vaisseaux en rade : *Bon quart !*

(*Note du traducteur.*)

vasion de Bonaparte. Quoique je n'a-
joutasse pas foi à ce bruit, je retournai
sur-le-champ à bord de mon vaisseau,
et je demandai au premier lieutenant si
l'on avait vu Bonaparte dans la matinée.
Cet officier me dit que Napoléon n'a-
vait pas assisté au déjeûner, et que personne ne l'avait vu, excepté les personnes de sa suite. J'envoyai alors à bord
de la frégate l'*Eurotas*, qui était postée
en arrière du vaisseau, pour savoir s'il
avait paru aux fenêtres de poupe; mais
on me répondit que non. J'eus recours
à un autre expédient; je priai un des
jeunes aspirans d'aller au bout de la
bôme (1), et de regarder par les fenêtres de la dunette si Bonaparte ne repo-
sait point sur le sopha de sa chambre.

---

(1) Vergue basse qui sert à orienter la voile appelée
brigantine, et dont l'extrémité se trouve portée en dehors du vaisseau à plusieurs brasses en arrière du cou-
ronnement sur lequel elle pose quand la voile est serrée
(*Note du traducteur.*)

12.

On me rapporta qu'on n'avait pu le découvrir dans aucun endroit de son logement. Je commençai alors à devenir extrêmement inquiet. J'envoyai mon domestique dans la chambre chercher un papier dont je prétextai avoir besoin. En entrant, il aperçut l'objet de mes inquiétudes étendu tout habillé sur son lit, dont les rideaux étaient fermés. Son air semblait annoncer qu'il était indisposé. Je m'étais auparavant informé de sa santé au comte Bertrand, qui m'avait dit qu'il avait passé une mauvaise nuit et était trop mal pour quitter son appartement.

Le soir de ce jour, au lieu de se mettre au lit entre huit et neuf heures, comme c'était sa coutume, je l'entendis se promener dans sa chambre avec une autre personne (je crois que c'était le général Bertrand), jusqu'à plus de onze heures. En conséquence, je recommandai à l'officier de quart et aux sentinelles de redoubler de vigilance, et j'ordonnai qu'un des canots de garde restât toute la nuit sous la poupe du vaisseau. Bonaparte avait encore refusé toute la journée de donner la liste de ceux qu'il souhaitait qui l'accompagnassent à Sainte-Hélène.

A trois heures du matin, le 4, l'officier de quart m'apporta une lettre de lord Keith, m'annonçant qu'un courrier venait d'arriver de Londres, et qu'il était probable que le vaisseau recevrait l'ordre de mettre en mer au premier signal. En conséquence, au point du jour, nous désaffourchâmes, nous enverguâmes nos perroquets et nous fîmes d'autres préparatifs pour appareiller. Les Français observaient avec attention tous nos mouvemens, paraissaient très - alarmés et très - tourmentés, et me questionnaient fréquemment sur la cause de tous ces préparatifs. Je leur dis, ce qui était littéralement vrai, que j'avais reçu l'ordre de me tenir prêt à prendre la mer, mais non pas celui de la prendre en effet, et que c'était tout ce que je savais.

Entre sept et huit heures, j'allai voir lord Keith, qui me dit qu'on l'avait informé qu'un *habeas corpus* avait été obtenu à l'effet d'amener Bonaparte à terre, et qu'un homme de loi était en route pour venir signifier cet acte. Il me pria, en conséquence, d'être prêt à mettre en mer à quelque instant qu'on m'en fît le signal.

De retour à bord, j'eus une entrevue avec Bonaparte, qui me pressa beaucoup afin de savoir pourquoi le vaisseau se préparait à mettre en mer. Je lui dis, d'après l'ordre de lord Keith, que l'intention du gouvernement était que sa translation d'un vaisseau à l'autre eût lieu à la mer, et que nous devions sortir pour joindre le *Northumberland*, vaisseau qui devait le conduire à Sainte-Hélène.

Bonaparte me pria d'écrire à lord Keith

pour l'informer qu'il désirait extrêmement le voir. Le comte Bertrand me dit qu'il désirait aussi avoir les journaux. J'écrivis en conséquence à l'amiral, qui était alors à bord du *Tonnant*. Toutefois, lord Keith refusa de venir, et m'écrivit un billet dont je joins un extrait.

Extrait d'un billet de l'amiral vicomte Keith, adressé au capitaine Maïtland, commandant le vaisseau de Sa Majesté Britannique le Bellerophon, *et daté du* Tonnant, *le 4 août* 1815.

« Je vous envoie le papier, et je serai aise d'apprendre la détermination du général. Vous pouvez l'informer que la réponse est arrivée de Londres, et que je n'ai pas le pouvoir de changer en quoi que ce soit aucune partie de la première communication ; ce qui me fait souhaiter qu'il s'occupe du choix des personnes dont il désirerait être accompagné. »

Je communiquai la chose au général Bertrand, qui en rendit compte à Bonaparte. Lorsque le comte sortit ensuite de la chambre, je le pressai au sujet de la nomination des personnes qui devaient aller à Sainte - Hélène avec Bonaparte ; mais sa seule réponse fut : « L'empereur n'ira pas à Sainte-Hélène. »

Peu après neuf heures, le signal fut fait au *Bellerophon* de se préparer à appareiller, et à neuf heures et demie d'exécuter ce mouvement. Nous mîmes sur-le-champ à la voile. Comme le peu de vent qui soufflait venait directement de l'entrée de la rade et que la marée était également contre nous, les canots de garde furent envoyés devant pour nous remorquer ; mais ayant observé un homme à mine suspecte qui s'approchait du vaisseau dans une petite barque, j'ordonnai à un des canots de revenir derrière le vaisseau, de s'y maintenir et de ne permettre sous aucun prétexte à un bateau venant de terre de nous approcher.

L'homme en question se trouvait être, ainsi que je l'appris ensuite, l'homme de loi dont lord Keith m'avait parlé. Il n'était pas porteur d'un *habeas corpus*, mais d'un *sub pœná* (1) pour que Bonaparte se présentât, comme témoin dans un procès, devant la cour du banc du roi. Toutefois, il n'en put venir à ses fins, parce que lord Keith l'esquiva et se rendit à bord du *Prometheus* au large de Ramehead, où sa seigneurie demeura jusqu'à ce que le *Tonnant* l'eût rejoint ; tandis que, d'un autre côté, le canot de garde empêcha le suppôt de Thémis d'approcher assez du *Bellerophon* pour me signifier son acte.

Je crois devoir entrer ici dans une petite digression. Afin d'empêcher de fausses idées de se répandre, et de mettre cette circonstance curieuse sous son

----

(1) Espèce d'assignation.

jour véritable, j'ai obtenu d'un ami qui a fait ses études pour suivre le barreau anglais, de me tracer le précis qu'on va lire sur les actes *d'habeas corpus* et de *sub pœná*. On y verra qu'un acte de ce genre ni aucun autre, autant que je puis comprendre la chose, n'aurait pu avoir force pour enlever Bonaparte de dessus un des vaisseaux de Sa Majesté, et le faire débarquer sur le sol de l'Angleterre, en opposition aux ordres du gouvernement du pays.

« C'est une erreur commune que de supposer que le célèbre acte *d'habeas corpus* établit, comme une chose de droit, pour toute personne détenue d'une manière quelconque, d'en obtenir le *writ* (mandat). Cet acte se rapportait aux individus emprisonnés au moyen de formes légales, pour des crimes ou délits, et son objet était d'empêcher ces individus d'être détenus pendant un temps inutile ou déraisonnable, avant d'être mis en jugement. Les cas de détention prétendue illégale étaient laissés sous l'empire de la loi commune. Dans ces derniers cas, l'octroi ou le refus du *writ* est abandonné à la discrétion de la cour ou du juge auquel on s'adresse, et il ne peut être lancé que lorsqu'on a exposé devant l'un ou l'autre une cause valable. On croit qu'un *writ* de cette espèce ne fut jamais réclamé en faveur de Bonaparte, ni que, dans le cas où on l'eût réclamé, il aurait été accordé. Qu'un étranger, comme simple particulier, soit amené en Angleterre et détenu contre sa volonté, la cour accordera le *writ;* mais toute demande de la part ou au nom de Bonaparte, aurait abouti à faire voir qu'il s'était rendu et qu'il avait été détenu comme prisonnier de guerre. En cette qualité, il n'avait pas droit à jouir du bénéfice de l'acte en question, les cours ayant maintefois refusé un *writ* réclamé par des individus amenés en Angleterre comme prisonniers de

guerre, même quand les réclamans étaient
des sujets d'une puissauce neutre, déclarant sous serment qu'ils avaient été contraints par la force de servir l'ennemi, et
avaient été pris dans le cours de ce service
forcé.

» On pense que, dans l'affaire en question (celle de Bonaparte), les choses se
passèrent de la manière suivante : Un
individu étant poursuivi pour calomnie
contre un officier de marine, dont il
avait censuré la conduite à la station
des Indes occidentales, pendant qu'une
escadre française était dans ces parages,
prétendit qu'il était dans l'intérêt de sa
défense, de montrer que les vaisseaux
français se trouvaient alors dans une condition qui les mettait hors de service, et
que Bonaparte était à même de prouver
ce fait. En conséquence, il obtint un *sub
pœná* pour que Bonaparte se présentât
comme témoin devant la cour du banc
du roi, lors du procès, et il fit tous ses

efforts en personne, et non par le ministère d'un homme de loi, comme on l'a
supposé primitivement, pour tâcher de
parvenir à bord du *Bellerophon*, afin de
signifier cet acte.

» Voilà ce qui probablement donna
lieu au bruit qu'un *habeas corpus* avait
été lancé, d'autant qu'un des cas dans
lesquels on emploie ce *writ*, est celui
où il s'agit d'amener un prisonnier devant une cour de justice pour y rendre
témoignage, après quoi il est reconduit
en prison.

» Si l'individu en question eût réussi
dans ses tentatives pour parvenir à bord
du vaisseau et signifier le *sub pœnâ*,
cela n'aurait été d'aucune utilité pour lui
ni pour Bonaparte, en supposant qu'il
était destiné à servir ce dernier. En effet, il ne lui aurait pas été possible d'o-
béir à cette assignation, le capitaine
Maitland, qui répondait de sa sûreté
comme prisonnier, n'étant nullement

autorisé à lui permettre de le faire. Toutefois lord Keith jugea que la marche la plus prudente était d'empêcher la signification d'un acte dont on ne connaissait pas dans le moment la nature précise, de peur de se jeter, lui ou le capitaine Maitland , dans quelque embarras, par l'apparence d'un manque de respect envers la cour du banc du roi, et plus particulièrement dans la crainte de faire naître dans l'esprit de Bonaparte la fausse idée que l'on commettait une violation de la loi, en ne lui permettant pas de se conformer à la teneur de l'acte, ne sachant pas qu'il ne contenait aucun pouvoir autorisant à le relâcher de sa détention comme prisonnier de guerre. »

Pendant que le vaisseau manœuvrait pour sortir de la rade de Plymouth, deux femmes bien mises s'approchèrent dans un bateau et se tinrent aussi près du vaisseau que le leur permit le canot de garde, et chaque fois que Bonaparte paraissait aux fenêtres de poupe, elles se levaient et agitaient leurs mouchoirs.

En ralliant au large de Ramehead le *Prometheus* sur lequel flottait le pavillon de lord Keith, je reçus de sa seigneurie le billet suivant :

Sans date, mais reçu le 4 août dans l'après-midi.

Au capitaine Maitland.

« J'ai été chassé tout le jour par un homme de loi porteur d'un *habeas corpus*. Il a débarqué à Cawsand, et pourra venir pendant la nuit nous joindre au large, dans un bateau à voile. En conséquence, écartez toute espèce de bateau; j'en ferai autant à bord de quelque bâtiment que je me trouve.

» KEITH. »

Le soir de ce jour, Bonaparte écrivit une nouvelle lettre au prince régent. Je la portai à lord Keith, qui me répéta de vive voix qu'il avait été chassé tout

le jour par un homme de loi. Celui-ci
l'avait en premier lieu débusqué au sortir de sa maison, et suivi à la piste jusqu'au *Tonnant*, à bord duquel il essaya
de monter d'un côté pendant que sa seigneurie descendait de l'autre; il le pour-
suivit ensuite vers Cawsand; mais l'a-
miral étant dans un canot à douze avirons, le laissa bien loin en arrière, et
lui échappa au détour de la pointe de
Ramehead. Ce fut en revenant de cette
chasse, que l'homme de loi essaya de
parvenir à bord du *Bellerophon*.

Bonaparte demeurait alors tout-à-fait
confiné dans sa chambre, ne venant
jamais sur le gaillard, et ne paraissant
ni à déjeûner, ni à dîner. Il ne se faisait pas servir de la table : tout ce qu'il
mangeait était préparé et apporté par
Marchand, son valet de chambre fa-
vori. MM. Bertrand et Las Cases
passaient beaucoup de temps avec lui;
et c'est dans la soirée de ce jour que

fut rédigée la protestation qu'on lira
tout à l'heure.

Dans la matinée du 5, le temps
était couvert, il régnait une forte brise
de vent, et la mer commençait à devenir grosse, au grand déplaisir de
mes pauvres hôtes français. Peu de
temps après le déjeûner, je fus mandé
par signal à bord du *Tonnant*, sur
lequel lord Keith avait alors son pavillon arboré. Je dis au général Bertrand que j'allais voir l'amiral, et que
je me chargerais de tout ce que Bonaparte aurait à lui faire dire. Le général Bertrand me pria d'attendre jusqu'à ce qu'on eût fini d'écrire un papier qui m'était destiné, mais dont une
copie devait être présentée à lord
Keith. J'attendis près d'une heure;
au bout de ce temps, on m'apporta
la protestation de Bonaparte. Je la
remis à l'amiral, en lui disant que je
désirais en avoir une copie; elle me

fut délivrée ensuite par le secrétaire de sa seigneurie ; je la transcris ici :

Protestation de Bonaparte.

« Je proteste solennellement ici , à la face du ciel et des hommes, contre la violence qui m'est faite, contre la violation de mes droits les plus sacrés, en disposant par la force de ma personne et de ma liberté.

» Je suis venu librement à bord du *Bellerophon* ; je ne suis point prisonnier ; je suis l'hôte de l'Angleterre. J'y suis venu à l'instigation même du capitaine qui a dit avoir des ordres du gouvernement de me recevoir, et de me conduire en Angleterre avec ma suite , si cela m'était agréable. Je me suis présenté de bonne foi pour venir me mettre sous la protection des lois d'Angleterre. Aussitôt assis à bord du *Bellerophon* , je fus sur le foyer du peuple britannique.

» Si le gouvernement, en donnant des ordres au capitaine du *Bellerophon*, de me recevoir ainsi que ma suite, n'a voulu que me tendre une embûche, il a forfait à l'honneur et flétri son pavillon.

» Si cet acte se consommait, ce serait en vain que les Anglais voudraient parler à l'Europe de leur loyauté, de leurs lois et de leur liberté. La foi britannique *se trouvera perdue dans l'hospitalité du* Bellerophon.

» J'en appelle à l'histoire ; elle dira qu'un ennemi qui fit vingt ans la guerre au peuple anglais, vint librement, dans son infortune, chercher un asile sous ses lois. Quelle plus éclatante preuve pouvait-il lui donner de son estime et de sa confiance? Mais comment répondit-on en Angleterre à une telle magnanimité? — On feignit de tendre une main hospitalière à cet ennemi , et quand il se fut livré de bonne foi , on l'immola.

» *Signé* , NAPOLÉON.

« A bord du *Bellerophon*, 4 août 1815. »

Je ne ferai qu'une observation sur la pièce que je viens de rapporter , c'est qu'aucune embûche n'a été tendue, ni de la part du gouvernement de Sa Majesté ni de la mienne. J'étais placé devant Rochefort , dans le but avoué d'empêcher Bonaparte de s'échapper de ce port; et mes efforts et ceux des personnes sous mon commandement avaient si complétement réussi , que l'intention de forcer les lignes des bâtimens à mes ordres , ainsi que tout autre plan proposé (et il paraît qu'il y en eut plusieurs), furent abandonnés comme n'offrant aucun espoir de succès. D'un autre côté , j'étais si loin de chercher à entrer en communication avec Napoléon, que je blâmai fortement tous ses envois de parlementaires comme inconvenans, excepté dans des cas extraordinaires. D'ailleurs on n'y eut recours, comme cela se voit par la lettre de lord Keith, en date du 23 juillet (page 122), que lorsque des ordres eurent été expédiés de Paris pour l'arrestation de Bonaparte, et après que l'officier commandant à l'île d'Aix (ainsi que cela fut prouvé depuis), lui eut une ou plusieurs fois notifié que, s'il ne partait pas, il se verrait dans la nécessité de l'arrêter. En outre de cela, il est aujourd'hui parfaitement connu que la détermination de se rendre en Angleterre fut adoptée dans un conseil tenu par Bonaparte, dans la nuit du 13 juillet, où fut écrite sa lettre au prince régent, et que MM. Las Cases et Lallemand furent envoyés le 14 au matin pour découvrir si je voudrais le recevoir à bord du *Bellerophon*, et le conduire dans ce pays.

Le 6 au matin, pendant que je me promenais sur le pont avec M. Las Cases, il me dit pour la première fois qu'il croyait que je l'avais assuré que l'empereur serait bien reçu en Angleterre, et qu'il lui serait permis d'y résider. Je répondis : « Je ne puis concevoir que vous m'ayez si mal compris, parce que, dans mes communications avec vous, j'ai constamment déclaré que je ne pouvais faire aucune promesse quelconque ; que je pensais que mes ordres pouvaient me justifier si je recevais Bonaparte à mon bord et le conduisais en Angleterre ; mais que, malgré cela, c'était beaucoup prendre sur ma responsabilité. Vous me fîtes de fréquentes questions touchant mon opinion personnelle ; mais, comme j'étais tout-à-fait dans l'ignorance sur l'objet dont il s'agissait, je ne pus que vous dire que je n'avais pas de raison de croire qu'il serait mal reçu. »

Au surplus, il n'était pas besoin de mon assistance pour exalter les espérances de ceux qui accompagnaient Bonaparte relativement à la manière dont il devait être reçu en Angleterre ; car l'un d'eux me demanda, pendant la traversée, si je pensais que le prince régent lui conférerait l'ordre de la Jarretière. S'il y a eu quelque malentendu (ce que je n'accorde pas), c'est lui-même que M. Las Cases doit en blâmer. Lorsqu'il vint à bord du *Bellerophon* pour traiter, il cacha la connaissance qu'il avait de la langue anglaise ; ce qui, en raison de ce que j'avais une grande difficulté à m'exprimer en français, ne pouvait avoir pour but que de me mettre hors de mes gardes, afin de tirer avantage de quelques expressions qui pourraient s'échapper de ma bouche ou de celle des officiers que j'eus toujours présens à nos conférences.

Même après qu'il fut établi à bord avec Bonaparte, bien qu'il avouât qu'il savait lire l'anglais, et qu'il traduisît toujours les journaux pour son maître, il affectait de ne pas être en état de le parler. L'extrait suivant d'une lettre que m'écrivit un de mes amis embarqué sur le *Northumberland*, à la date du 22 août 1815 à la mer, montrera quelle connaissance M. Las Cases avait réellement de notre langue.

« J'ignore si M. Las Cases vous a jamais laissé connaître qu'il sait parler l'anglais; mais je puis vous assurer qu'il le parle à peu près aussi bien que madame Bertrand, et qu'il peut soutenir une conversation, ou pousser un argument aussi couramment qu'elle. »

Dans la matinée, j'eus une longue conversation avec Bonaparte. Il se plaignit amèrement de la conduite du gouvernement anglais, et entra dans de grands détails sur la situation où étaient ses affaires quand il se détermina à venir à bord du *Bellerophon.* « Il y avait encore, me dit-il, un parti nombreux dans le midi qui voulait me mettre à sa tête ; l'armée réunie derrière la Loire désirait aussi mon retour. A dix heures du soir, la veille du jour où je m'embarquai, une députation de la garnison de la Rochelle, vint me trouver pour m'offrir de me conduire à l'armée. Indépendamment de cette garnison, les troupes réunies alors, à Rochefort, à Bordeaux et à l'île d'Aix, montant à douze mille hommes, étaient à ma disposition. Mais je vis qu'il n'y avait pas d'espoir d'un succès définitif, bien que j'eusse pu causer beaucoup de trouble et de carnage ; ce que je ne voulus pas qui eût lieu pour mon compte personnel. Quand il y allait de l'Empire, c'était une autre affaire. »

Dans le courant de l'après-midi, M. O'Meara, chirurgien du vaisseau,

vint me dire que le général Savary lui
avait fait la proposition d'accompagner
Bonaparte à Sainte-Hélène , comme son
médecin. Le chirurgien qu'il avait avec
lui, M. Maingau, était un jeune homme
qu'il connaissait peu et qui avait tant
souffert du mal de mer, dans la traversée de Rochefort en Angleterre, qu'il ne
se souciait pas d'entreprendre un autre
voyage. M. O'Meara me consulta pour
savoir s'il convenait qu'il acceptât cette
offre. Je lui dis que cela dépendrait principalement de son inclination ; mais que
si la chose ne lui déplaisait pas , il ferait
bien d'accepter la proposition, pourvu que
notre gouvernement y consentît et con-
vînt de payer ses émolumens ; mais que,
dans le cas où il se déciderait à partir,
il fallait que la chose fût communiquée
officiellement par moi à l'amiral. C'est
ainsi que je reçus le premier avis que
Bonaparte avait fait quelques dispositions
pour se conformer à ce qui lui avait été

notifié de la part de notre gouvernement.

Vers neuf heures du matin, on avait
aperçu un grand navire sous le vent;
lorsqu'il fut assez proche pour qu'on dis-
tinguât ses signaux, on reconnut le *Northumberland*. Toute l'escadre se dirigea
alors vers la côte et vint jeter l'ancre à
l'ouest de Berryhead. J'allai à bord du
Tonnant, et j'annonçai à lord Keith que
Bonaparte s'était à la fin décidé à quitter
le *Bellerophon*, sans qu'on fût obligé
d'employer la force, et que le comte
Bertrand désirait voir sa seigneurie pour
prendre les arrangemens nécessaires au
sujet des personnes qui devaient accompagner Bonaparte. Sur l'ordre de l'amiral, je retournai à bord de mon vaisseau
pour aller chercher M. Bertrand, et l'a-
mener à sa seigneurie. Peu de temps
après, sir George Cockburn arriva, et
ils demeurèrent enfermés ensemble pendant près de deux heures.

Lorsque j'arrivai en premier lieu à bord du *Tonnant*, je reçus un *memorandum* de lord Keith (dont je donne ci-après un extrait), et l'annonce verbale que je recevrais le lendemain un ordre par écrit pour transférer Bonaparte, et telle partie de sa suite qu'il choisirait, à bord du *Northumberland*.

Extrait d'un Memorandum *de l'amiral vicomte Keith, grand croix de l'ordre du Bain, adressé au capitaine Maitland, commandant le vaisseau de Sa Majesté Britannique le* Bellerophon, *et daté du* Tonnant, *au large de Start-Bay, le 6 août* 1815.

« Toutes les armes, de quelque espèce que ce soit, seront ôtées aux Français de tout rang à bord du vaisseau que vous commandez ; elles seront soigneusement serrées et resteront sous votre charge tant qu'ils demeureront à bord du *Bellerophon*, pour passer ensuite sous celle du capitaine du vaisseau sur lequel ils seront transférés. »

Pendant que nous dînions, les généraux Bertrand et Montholon s'occupèrent à dresser des listes de tout ce qui serait nécessaire aux officiers français, et aux dames, pour leur commodité et leur agrément pendant la traversée de Sainte-Hélène; ces listes furent expédiées à Plymouth par le secrétaire de sir George Cockburn.

Dans le courant de la soirée, lord Keith et sir George Cockburn vinrent à bord du *Bellerophon*, et le dernier fut présenté à Bonaparte.

Aussitôt que le général Bertrand fut libre, je lui dis que j'avais des ordres pour transférer Napoléon le lendemain à bord du *Northumberland*, et pour lui ôter ses armes, ainsi qu'à tous ceux qui l'accompagnaient, lui donnant à entendre qu'elles leur seraient rendues à leur arrivée à leur destination. Bertrand parut fort blessé de ce qu'on le privât de ses armes; cependant il dit qu'il invi-

térait à ce qu'on les remît; et en effet,
je les reçus toutes le lendemain matin, à
l'exception de l'épée de Bonaparte, que,
d'après un ordre que je reçus postérieu-
rement de lord Keith, il lui était permis de porter en quittant le vaisseau.

Vers neuf heures et demie du soir,
M. Bertrand me dit que Bonaparte désirait me voir. Quand j'entrai dans sa
chambre, il me dit: « Bertrand m'annonce
que vous avez reçu des ordres pour me
transférer à bord du *Northumberland*.
Cela est-il vrai? » Je répondis affirmati-
vement. « Feriez-vous, reprit-il, quelque difficulté d'écrire une lettre à Bertrand, pour l'en informer, afin que j'aie
une pièce qui prouve que j'ai été forcé
de quitter le vaisseau, et qu'on n'a point
consulté ma volonté? » Je répondis : « Je
ne ferai aucune difficulté d'écrire une
semblable lettre, et je l'écrirai ce soir. »

J'allais me retirer, lorsqu'il me pria
de demeurer, parce qu'il avait encore

quelque chose à me dire : « Votre gouvernement, continua-t-il, m'a traité avec
beaucoup de sévérité, et d'une manière
très-différente de ce que j'avais espéré
et attendu, d'après l'opinion que je m'é-
tais formée du caractère de vos compa-
triotes. Il est vrai que j'ai toujours été
l'ennemi de l'Angleterre, mais toujours
un ennemi franc et déclaré, et je lui ai
rendu le plus bel hommage qu'il soit
possible à un homme de lui rendre en
m'abandonnant à la générosité de votre
prince. Au reste, ce n'est pas d'aujour-
d'hui que j'ai appris qu'on ne doit point
juger du caractère d'un peuple par la
conduite de son gouvernement. » Il continua ainsi en parlant du gouvernement anglais : « Ils disent que je n'ai pas fait de
conditions. Comment un individu pouvait-il entrer en arrangement avec un
peuple? Je ne leur demandais rien que
l'hospitalité, ou, comme disaient les
anciens, l'air et l'eau. Mon seul désir

était d'acheter une petite propriété en Angleterre et d'y finir mes jours au sein de la paix et de la tranquillité. Quant à vous, capitaine, je n'ai pas lieu de me plaindre de votre conduite envers moi. Elle a été celle d'un homme d'honneur; mais je ne puis m'empêcher de sentir la rigueur de mon sort, en ayant pour perspective de passer le reste de ma vie sur une île déserte. Mais, ajouta-t-il avec une grande énergie d'expression, si votre gouvernement livre Savary et Lallemand au roi de France, il imprimera au nom anglais une tache que le temps ne pourra effacer. » Je lui dis qu'à cet égard, on était dans l'erreur, et que j'étais convaincu que les ministres de Sa Majesté n'avaient pas l'intention de les livrer. Il ne répliqua que ces deux mots : « Je l'espère. » Je pris ensuite congé de lui pour la nuit.

Afin de ne pas interrompre le récit des événemens du 7, je vais insérer ici la let-

tre que j'écrivis, à la demande de Bonaparte, et une copie des ordres en vertu
desquels j'ai agi en transférant Bonaparte
du *Bellerophon* sur le *Northumberland*.

Au lieutenant général comte Bertrand.

A bord du vaisseau de S. M. B. le *Bellerophon*,
dans Start-Bay, le 7 août 1815

» Monsieur,

» Je prends la liberté de vous informer
que j'ai reçu aujourd'hui des ordres de
lord Keith, commandant en chef de la
flotte de la Manche, pour transférer le
général Bonaparte du vaisseau que je
commande sur le vaisseau de Sa Majesté
le *Northumberland*, et je vous invite à
faire part des ordres ci-dessus au général,
afin qu'il se prépare à cette translation.

» Je vous envoie également copie d'un
ordre concernant les armes du général
Bonaparte, et de tous ceux qui l'ont accompagné ; et je vous prie d'ordonner

14

qu'elles me soient remises pour en disposer comme il est prescrit dans ledit ordre.

» J'ai l'honneur d'être, etc.

» FRED. L. MAITLAND. »

Copie de l'ordre mentionné dans la lettre ci-dessus au capitaine Maitland, commandant le vaisseau de Sa Majesté Britannique le Bellerophon.

« Par l'ordre du très-honorable vicomte Keith, grand'croix de l'ordre du Bain, etc.

» Il vous est enjoint de remettre les personnes dénommées ci-dessous, à la charge du contre-amiral sir George Cockburn.

» KEITH, *amiral;*

» Par ordre de l'amiral,

» JAMES MEEK, *secrétaire.*

» Donné à bord du *Tonnant,* à l'ancre sous Berryhead, le 7 août 1815. »

LE GÉNÉRAL BONAPARTE.

Le comte Bertrand, sa femme, trois enfans, une domestique et son enfant.

Le général Montholon, sa femme, un enfant et une domestique.

Le général Gourgaud.

Le comte Las Cases et son fils.

Marchand, premier valet de chambre.

Saint-Denis, valet de chambre.

Noveraz, *idem*.

Pieron, chef d'office.

Lepage, cuisinier.

Archambaud, premier valet de pied.

Gentilini, valet de pied.

Bernard, domestique du comte Bertrand.

Les quatre domestiques ci-après dénommés, qui étaient venus en Angleterre sur le *Myrmidon*, accompagnèrent aussi Bonaparte :

Cipriani, maître d'hôtel.

Santini, huissier.

Rousseau, lampiste.

Archambaud, valet de pied.

Extrait d'une lettre de l'amiral vicomte Keith, grand'croix de l'ordre du Bain, adressée au capitaine Maitland, commandant le vaisseau de Sa Majesté Britannique le Bellerophon, *et datée du* Tonnant, *sous Berryhead, le 7 août* 1815.

« Quand le général quittera le vaisseau on ne lui ôtera pas son épée; on la lui laissera porter, mais non aux autres. Les pistolets, fusils, etc., doivent, comme dans tous les cas, être retirés pour la sûreté du vaisseau (1); mais les armes seront soigneusement conservées pour être rendues dans une occasion convenable. »

Le matin du 7 août, le comte Las Cases me demanda la permission d'aller voir lord Keith, ayant une communication à

______

(1) L'ordre général invoqué ici a pour objet la sûreté des vaisseaux contre les accidens du feu.

lui faire. En conséquence, j'allai trouver sa seigneurie, et j'en obtins permission de lui envoyer M. Las Cases. Lorsque l'amiral vint à bord du *Bellerophon* pour accompagner Bonaparte dans sa translation à bord du *Northumberland*, il m'informa que M. Las Cases lui avait représenté que j'avais promis que Bonaparte serait bien reçu en Angleterre, et qu'on lui permettrait d'y résider. L'amiral m'écrivit le même jour une lettre mentionnant l'assertion ci-dessus, et m'ordonnant de lui faire un rapport sur ce sujet; ce que je fis ensuite, comme on le verra plus loin.

Le comte Bertrand s'occupa, pendant presque toute la matinée, à dresser une liste de ceux qui devaient aller à Sainte-Hélène avec Bonaparte. Le nom du général Gourgaud y avait été omis, et le colonel Planat était porté comme secrétaire de Napoléon. Cela offensa tellement M. Gourgaud, qu'il employa un

langage très-dur (1) envers le général
Bertrand. Après beaucoup d'altercations,
il fut réglé, je crois, par Bonaparte lui-
même, que le nom de M. Gourgaud serait rétabli sur la liste. Il y eut encore
une autre cause de désaccord. Le nombre
des domestiques qu'on laissait aller à
Sainte-Hélène n'étant que de douze, ne
permettait pas à tous les officiers d'emmener les leurs ; le général Montholon
fut obligé de laisser un serviteur qui avait
été nombre d'années avec lui, et le domestique du général Bertrand fut le seul
pour qui l'on fit exception.

Le général Bertrand avait été si occupé
à faire les préparatifs de la translation qui
allait avoir lieu, qu'il ne vint déjeuner
qu'après que tout le monde avait fini.
Sa femme se trouvait encore à table, et
j'étais resté à lui tenir compagnie par po-
litesse. Elle commença à harceler son

---

(1) *Very strong language.*

mari pour l'engager à quitter Bonaparte et à rester en Angleterre. Bertrand semblait très-peiné, mais il gardait le silence. A la fin sa femme se tourna vers moi, et me pria d'émettre mon opinion et d'employer mon influence en faveur de ce qu'elle demandait. Je pris la parole et dis : « Madame Bertrand, j'ai, dès le principe, cherché à éviter de me mêler dans les discussions très-désagréables qui ont eu lieu depuis quelques jours ; mais, puisque vous me demandez mon opinion et que vous me forcez de vous la donner, je dois vous dire que je pense que, si votre époux quitte son maître dans un moment comme celui-ci, il perdra la très-haute réputation dont il jouit aujourd'hui dans son pays. » En achevant ces mots, je me levai de table et m'en allai sur le pont.

Peu de temps après, madame Bertrand vint m'y retrouver, et, m'adressant la parole de l'air d'une vive indignation, me dit : « Comment ! capitaine Maitland , j'ai ouï dire que l'empereur n'aura pas toute la chambre d'arrière à bord du *Northumberland!* » Je lui répondis que j'avais appris que sir George Cockburn avait reçu des ordres en conséquence. « Il vaudrait mieux le traiter tout de suite comme un chien, reprit-elle, et l'enfermer à fond de cale. »

Depuis quelques jours je m'étais trouvé constamment dans une sorte d'irritation qu'on ne saurait décrire , et que bien peu de personnes ont eu occasion d'éprouver. Madame Bertrand , comme on peut aisément l'imaginer, avait quelque peu contribué à la causer ; et je suis fâché de le dire, mais, lorsqu'elle m'adressa les paroles que je viens de rapporter, le peu de force qui me restait encore pour me posséder m'abandonna , et je lui répondis en ces termes :

« Madame, vous parlez comme une

femme très-insensée (1); et, si vous ne pouvez vous exprimer plus raisonnablement
ou avec plus de respect pour le gouvernement que j'ai l'honneur de servir, je
vous prierai de ne pas m'adresser la
parole. »

Quoi qu'il en soit, au moment où elle
allait quitter le vaisseau, elle vint à moi
d'un air conciliant et amical, et me dit :
« Capitaine Maitland, vous m'avez dit ce
matin que j'étais une femme très-insensée ;
mais je serais fâchée que nous nous quit-
tassions étant en mésintelligence, car
Dieu sait si nous nous reverrons jamais!
Ne voulez-vous pas que nous nous touchions la main? »

— « Bien loin de là, répondis-je, je serais extrêmement peiné si vous quittiez
le vaisseau sans agréer mes vœux ardens
pour votre bonheur et votre prospérité ;
et si, dans la vivacité de mon humeur,

____

(1) *Very foolish.*

et au milieu des circonstances pénibles de ma situation, je vous ai dit quelque chose de désagréable, je vous en demande très-sincèrement pardon, et j'espère que vous me le pardonnerez et l'oublierez. »

Peu de momens après le déjeuner, Marchand vint, et me dit que l'empereur désirait me voir. J'allai aussitôt à sa chambre. « J'ai demandé à vous voir, capitaine, me dit-il, afin de vous adresser mes remercîmens de toutes les attentions que vous avez eues pour moi, pendant mon séjour à bord du *Bellerophon*, et pour vous prier de les transmettre pareillement aux officiers et à l'équipage que vous commandez. La réception qu'on m'a faite en Angleterre a été très-différente de ce que j'attendais; mais j'éprouve beaucoup de satisfaction à vous assurer que je reconnais que votre conduite envers moi a toujours été celle d'un *gentleman* et d'un homme d'honneur. »

Bonaparte me dit ensuite qu'il désirait que M. O'Meara, chirurgien du *Bellerophon*, l'accompagnât, et il me demanda mon opinion tant sur ses talens en médecine que sur ses principes. Je répondis que j'avais la plus haute opinion de lui sous le double rapport de l'habileté et du zèle ; qu'il m'avait donné tant de satisfaction pendant qu'il était resté sous mes ordres, que je l'avais emmené avec moi sur deux vaisseaux que j'avais commandés avant le *Bellerophon* ; enfin, que j'avais la conviction que c'était un homme rempli d'honneur et de probité.

Je m'entretins encore quelque temps avec Bonaparte. Il me parla en termes très-vifs de l'affection du général Bertrand, et des obligations qu'il lui avait de ce qu'il demeurait avec lui dans son adversité, lorsqu'il savait qu'on avait

employé de grands efforts pour l'engager
à l'abandonner. Après cela , je pris congé de Napoléon, et ce fut la dernière
fois que je me trouvai seul avec lui.

Bientôt après , sir George Cockburn
arriva à bord , accompagné de M. Byng ,
remplissant les fonctions de son secrétaire , pour examiner le bagage de Bonaparte. Ses instructions portaient d'appeler quelque personne de la suite pour être
présente à cette visite. On en fit la proposition au général Bertrand ; mais celui-ci était si indigné de ce procédé ,
qu'il refusa positivement d'être présent
lui-même ou d'inviter un autre à le
remplacer. Cependant le général Savary
y consentit , et fut présent ainsi que
Marchand. Les couvercles des malles
furent simplement levés , et M. Byng
passa la main le long du bord ; mais les
effets ne furent point dérangés. Une fois
ou deux , lorsque la porte de la chambre
d'arrière se trouva ouverte , Bonaparte

exprima ses remercîmens à M. Byng
pour la manière délicate dont il procé-
dait à la visite, en le saluant d'une inclination de tête. Lorsqu'on vint aux coffres
contenant l'argent et qui étaient au nombre de deux, on permit à Marchand de
retirer la somme qu'il pourrait croire nécessaire pour payer les gages des domestiques qui ne suivaient pas leur maître et
pour d'autres dépenses éventuelles. Une
boîte contenant quatre mille napoléons
d'or, fut mise à part et placée sous ma
charge, où elle demeura jusqu'à mon arrivée à Londres; je la délivrai alors à sir
Hudson Lowe, pour être remise à son
propriétaire, ainsi qu'on le verra par les
ordres et les reçus transcrits ci-après.

*Au capitaine Maitland, commandant le vaisseau
de Sa Majesté Britannique le* Bellerophon.

« Il vous est enjoint par le présent
ordre de recevoir sous votre garde telle
somme d'argent appartenant au général

Bonaparte, qui sera mise à votre charge par le contre-amiral sir George Cockburn, et vous en donnerez récépissé dans les formes.

» KEITH, *amiral.*

» Donné à bord du *Tonnant*, à l'ancre
sous Berryhead, le 7 août 1815. »

« J'ai laissé le 7 d'août, à bord du *Bellerophon*, à M. le capitaine Maitland, une somme de quatre-vingt mille francs, en quatre mille napoléons d'or.

» MARCHAND,

» *Premier valet-de-chambre.* »

« Je reconnais avoir reçu une boîte, avec quatre paquets enveloppés de papier, et *dits* contenir quatre mille napoléons d'or appartenant à Napoléon Bonaparte.

» FRED. L. MAITLAND.

» Approuvé.

» GEORGE COCKBURN.

» Le 7 août 1815. »

Comme je n'aurai plus à revenir sur ce sujet, je vais joindre aux pièces ci-dessus le récépissé qui me fut donné quand je remis l'argent à l'Amirauté, bien que ce papier soit d'une date postérieure à l'époque dont il s'agit.

« De l'amirauté, le 14 septembre 1815.

« Reçu du capitaine Maitland une boîte contenant quatre paquets, marqués chacun 20,000 francs, et dits contenir quatre mille napoléons d'or.

» H. Lowe,
» *Major-général.*«

Vers onze heures du matin, lord Keith vint à bord avec le canot d'honneur du *Tonnant*, pour accompagner Bonaparte du *Bellerophon* au *Northumberland*. Le comte Bertrand alla dans sa chambre pour l'informer de l'arrivée de l'amiral. Il se passa néanmoins plus de deux heures avant qu'on ne vînt annoncer qu'il était disposé à parti . Vers une heure après midi, le canot de l'amiral étant disposé, on fit mettre sous les armes une garde commandée par un capitaine ; et, sur l'ordre de lord Keith, quand Napoléon traversa le gaillard d'arrière pour quitter le vaisseau, la garde présenta les armes, et le tambour fit trois roulemens, ce qui est le salut d'usage pour un officier du rang de général.

Il sortit de la chambre d'un pas ferme et assuré, vint à moi, et ôtant son chapeau, dit : « Capitaine Maitland , je saisis cette dernière occasion de vous adresser encore une fois mes remercîmens pour la manière dont vous m'avez traité pendant que j'ai séjourné à bord du *Bellerophon*, et je vous prie de les transmettre également aux officiers et à l'équipage que vous commandez. » Puis se tournant vers les officiers qui étaient debout près de moi, il ajouta : « Messieurs, j'ai prié votre capitaine de vous exprimer ma reconnaissance des attentions que vous avez eues pour moi et pour ceux qui ont suivi mon sort. » Il se dirigea alors vers le passavant, et avant de descendre l'escalier du vaisseau, il salua deux ou trois fois l'équipage qui était rassemblé dans la grand'rue (1) et sur le gaillard d'avant. Il fut suivi dans le canot par les dames et les officiers français, et en dernier par lord Keith. Après que le canot eut poussé au large, Bonaparte se tint debout jusqu'à ce qu'il fût éloigné d'environ quinze toises du vaisseau ; alors il ôta son chapeau, salua les officiers, ensuite les matelots, puis s'assit et entra sur-le-champ en conversation avec lord Keith, d'un air aussi tranquille que s'il fût allé d'un vaisseau à l'autre pour rendre une visite.

____

(1) La partie du second pont d'un vaisseau de soixante-quatorze ou de quatre-vingts qui n'est pas couverte par les gaillards.

(Note du traducteur.)

Environ un quart d'heure avant que Bonaparte ne quittât le *Bellerophon*, M. Montholon vint me trouver sur le gaillard, et me dit : « J'ai ordre de l'empereur de vous adresser ses remercîmens pour la manière dont vous vous êtes conduit dans toute cette affaire; et il me charge de vous dire que le plus grand regret qu'il éprouve de n'avoir pas été admis à une entrevue avec le Prince régent, provient de ce qu'il avait l'intention de demander comme une faveur à Son Altesse royale qu'on vous élevât au rang de contre-amiral. »

Je répondis : « Bien que cette demande n'eût pu être accordée dans aucune circonstance, parce qu'elle était contraire aux réglemens de notre marine, je n'en suis pas moins sensible à cette intention bienveillante. »

— « L'empereur voulait aussi, reprit M. Montholon, vous offrir une boîte contenant son portrait; mais il a su que vous étiez déterminé à ne pas l'accepter. »

— « Dans la situation où je suis placé, répliquai-je, il m'est absolument impossible de recevoir aucun présent de sa part. »

— « Il sait parfaitement combien votre situation est délicate, et il approuve votre conduite. » Je saisis cette occasion pour dire : « Je suis très-fâché que le comte Las Cases ait dit à lord Keith que j'avais promis que Bonaparte serait bien reçu en Angleterre, ou même fait des promesses d'aucune sorte. J'ai cherché à me conduire avec honneur et loyauté dans toute cette affaire, et par conséquent je ne puis laisser passer une pareille assertion sans la contredire. »

— « Oh! dit M. Montholon, Las Cases a négocié cette affaire ; elle a tourné très-différemment de ce qu'il espérait, ainsi que chacun de nous. Il s'attribue la situation de l'empereur, et par conséquent, il désire donner à la chose la meilleure figure possible, mais je vous assure que l'empereur est convaincu que votre conduite a été très-honorable ; » puis me prenant la main qu'il serra fortement, il ajouta : « Et c'est aussi mon opinion. »

Dans le courant de l'après-midi j'accompagnai les généraux Savary et Lallemand à bord du *Northumberland*, où ils allèrent pour dire un dernier adieu à leur maître. Je m'entretins peu moi-même avec Bonaparte, mais ils demeurèrent long-temps avec lui. Lorsque je fus au moment de retourner à bord de mon vaisseau, j'entrai dans la chambre pour les inviter à me suivre. Ils s'approchèrent de Bonaparte, qui était debout dans la chambre d'arrière, et il les embrassa l'un après l'autre très-tendrement, à la manière française, en les entourant de ses bras et touchant leurs joues avec les siennes. Il était ferme et calme ; mais, en s'arrachant de ses bras, Savary et Lallemand avaient les larmes aux yeux.

Lorsque je fus de retour à bord de mon vaisseau, toute l'escadre mit sous voile, le *Tonnant* et le *Bellerophon* pour retourner à Plymouth, et le *Northumberland*, accompagné de deux transports chargés de troupes, pour se rendre à Sainte-Hélène. Le lendemain ce vaisseau fut rallié par une frégate et plusieurs corvettes sorties de Plymouth, et fit route à l'ouest.

Ayant conduit mon récit jusqu'à l'époque où Bonaparte quitta le vaisseau que je commandais, il ne me reste plus qu'à donner quelques détails sur sa personne et son caractère, du moins en ce que j'ai eu occasion d'observer. En traçant cette esquisse, je tâcherai, autant que possible, de conserver le même esprit dans lequel a été écrite la Relation qu'on vient de lire, et d'éviter de me laisser influencer par des préventions favorables ou défavorables à l'homme dont j'ai à parler. Quant à ce qu'il a pu être, lorsqu'il était chef de l'empire français, et qu'il réglait les destinées de la plus grande partie de l'Europe, je ne suis nullement à même de le savoir d'une manière particulière. Tout ce que je prétends faire est de le dépeindre tel qu'il s'est montré à bord du *Bellerophon*, en joignant à cette espèce de portrait quelques anecdotes qui ont été omises dans le courant de ma Relation, et qui pourront peut-être servir à jeter quelque nouveau jour sur son caractère.

Lorsque Napoléon Bonaparte vint à bord du *Bellerophon*, le 15 juillet 1815, il lui manquait tout juste un mois pour compléter sa quarante-sixième année, étant né le 15 août 1769; il était alors remarquablement fort et bien fait; sa taille paraissait être d'environ cinq pieds sept pouces (1). Ses membres étaient bien

____

(1) Mesure anglaise, ce qui équivaut à 5 pieds 2 pou-

dessinés. Il avait un beau bas de jambe et un très-petit pied, ce dont il semblait un peu vain, car pendant tout le temps qu'il demeura à bord du *Bellerophon* il porta pour chaussure des bas de soie et des souliers. Ses mains étaient aussi très-petites, et étant en outre blanches et potelées, ressemblaient plutôt aux mains d'une femme qu'à celles d'un homme. Il avait les yeux gris pâle, les dents belles, et quand il souriait l'expression de sa physionomie était extrêmement agréable. Cependant lorsqu'il éprouvait quelque désagrément elle prenait un caractère sombre et triste. Ses cheveux étaient d'un brun foncé tirant sur le noir, et, quoiqu'un peu éclaircis sur le sommet de la tête et sur le front, aucun encore n'avait blanchi. Sa complexion pâle et légèrement jaunâtre était peu commune, et différait de presque toutes celles que

---

ces 7 lignes, mesure française. Le capitaine Maitland se trompe ici : Napoléon n'était pas d'une stature aussi élevée.

j'avais vues jusqu'alors. Étant devenu cor-
pulent, il avait perdu beaucoup de son
activité physique, et, si l'on doit ajouter
foi à ceux qui l'accompagnaient, une
portion très-considérable de son énergie
morale l'avait également abandonné. Il
est certain qu'il se montra très-enclin au
sommeil pendant qu'il séjourna à bord
du *Bellerophon*; car, bien qu'il se mît au
lit entre huit et neuf heures du soir, et
qu'il se levât à peu près à la même heure le
matin, il s'endormait fréquemment sur
un sofa, pendant le jour. Son apparence
extérieure était au total celle d'un homme
un peu plus âgé qu'il n'était. Il avait les
manières extrêmement gracieuses et affa-
bles Il se mêlait à toutes les conversations, racontait une foule d'anecdotes, et
s'efforçait de toutes les manières à exciter et entretenir la bonne humeur parmi
la compagnie. Il admettait même ses
compagnons à une grande familiarité
avec lui; et, dans deux ou trois circon-

stances, je les vis le contredire de la
manière la plus directe, bien que généralement ils le traitassent avec beaucoup
de respect. Il possédait à un degré éton-
nant le talent de produire une impression favorable sur ceux avec lesquels il
entrait en conversation. Il me parut qu'il
y parvenait en tournant l'entretien sur
des matières qu'il supposait que celui à
qui il s'adressait connaissait bien, et sur
lesquelles il pouvait parler avec avantage.
Cette conduite avait pour effet de le rendre content de lui-même; après quoi il
n'était pas très-difficile de faire partager
cette sensation à la personne qui l'avait
causée. Lord Keith parut s'être formé
une fort haut e idée des charmes de sa
conversation, et me l'exprima d'une manière fort énergique, après qu'il l'eut vu
pour la première fois. En parlant du désir que Bonaparte avait témoigné d'avoir
une entrevue avec le prince régent, il
dit : « Quel diable d'homme ! s'il eût

obtenu une entrevue avec son Altesse Royale, au bout d'une demi-heure ils auraient été les meilleurs amis qu'il y eût en Angleterre. » Bonaparte paraissait avoir un grand empire sur lui-même ; car, bien qu'aucun homme n'ait jamais pu être soumis à de plus grandes épreuves que celles qu'il eut à subir pendant son séjour à bord du *Bellerophon*, jamais en ma présence, ou à ma connaissance, il ne laissa échapper aucune expression qui décelât de la mauvaise humeur. Le jour même où il reçut de la part de sir Henry Bunbury la notification concernant sa translation à Sainte-Hélène, il jasa et s'entretint avec la même gaieté que de coutume. On a prétendu qu'il avait joué un rôle pendant tout le temps qu'il demeura à bord du vaisseau ; mais, même en accordant que cela fût, il n'y a qu'un grand empire sur lui-même qui pouvait le rendre capable de soutenir un pareil rôle durant un si grand nombre de jours , dans la situation où il se trouvait.

Je rapporterai une circonstance qui se présenta pendant la traversée des côtes de France en Angleterre, et qui montrera d'une manière bien frappante toute la liberté qui régnait entre lui et ceux de ses compagnons en qui il avait confiance. La conversation s'engagea un jour sur l'état respectif de la culture en France et en Angleterre. Mon opinion étant invoquée, je dis que, bien que le climat de la France fût beaucoup plus favorable que celui de l'Angleterre, je croyais que l'agriculture était parvenue à un plus haut degré de perfection chez nous qu'en France. La plupart des Français trouvèrent cette idée ridicule ; sur quoi je dis : « Rapportons-nous-en à M. Las Cases, qui a vécu pendant plusieurs années en Angleterre. »

—« Vous avez raison, répondit celui-ci ; sans aucun doute , l'agriculture est arrivée à une perfection beaucoup plus grande en Angleterre qu'en France ; mais ce que

j'admire le plus chez vous, ce sont les
maisons de plaisance de vos nobles et de
vos riches particuliers; en cela vous sur-
passez infiniment les Français. »

Le général Bertrand prit alors la parole, et appuya la chose en disant qu'il
était assuré qu'on dépensait annuellement
trente mille livres sterling pour l'entretien
du parc et des dépendances de Blenheim.
Bonaparte réduisit sur-le-champ cette
somme en francs (1), et dit : « La chose
est impossible ; les Anglais ne sont pas
des sots : ils savent le prix de l'argent, et
il n'y a pas d'individu qui pût ou qui
voulût dépenser une telle somme pour
un pareil objet. » Il parla ensuite de la
dépense relative à l'entretien de la Mal-
maison, et cita la somme qu'il coûtait,
laquelle, je crois, n'excédait pas cinq
mille livres sterling (cent mille francs).
Bertrand persista dans son dire, et en ap-

---

(1) C'est-à-dire au vingt-cinquième.

pela à moi. Toutefois, je ne pus donner d'autres renseignemens, si ce n'est que j'avais ouï dire que l'état des finances du duc de Marlborough ne lui permettait pas de dépenser une pareille somme pour entretenir Blenheim. M. Bertrand ne voulut pas en démordre, et réitéra son assertion. Bonaparte s'écria avec vivacité : « Bah ! c'est impossible. » — « Oh ! dit Bertrand très-piqué, si vous répliquez de cette manière, il n'y a plus moyen de raisonner. » Et pendant quelque temps il ne voulut plus lui parler. Bonaparte, loin de s'en formaliser, fit tout ce qu'il put pour l'apaiser et le remettre de bonne humeur, ce qui ne fut pas très-difficile.

Un matin, Bonaparte se mit à me parler de sa femme et de son enfant, et dit à Marchand d'apporter deux ou trois miniatures pour me les montrer. Il parlait de ces deux personnes avec beaucoup de tendresse et d'affection, et paraissait souffrir vivement d'en être séparé. « Je trouve, disait-il, la conduite des souverains alliés envers moi plus cruelle et plus injuste en cela qu'en toute autre chose. Pourquoi me priver des consolations de la vie domestique, et m'enlever ce qui doit faire l'objet des plus chères affections de tout homme au monde, mon enfant et la mère de mon enfant? »

Pendant qu'il parlait ainsi, je le regardais fixement pour observer s'il donnait quelque signe d'émotion. Des larmes roulaient dans ses yeux, et tout son air annonçait qu'il était en proie à un vif sentiment de douleur.

Il y avait deux portraits du jeune Napoléon : l'un en uniforme de lancier polonais, et l'autre où on l'avait peint tête nue avec des cheveux flottans en longues boucles. Tous deux le représentaient comme un gros garçon vif et bien portant, et dont les traits ressemblaient beaucoup à ceux de son père. Le portrait de la mère était celui d'une femme très-blonde, avec des traits annonçant la bonté, mais point belle.

D'après les observations que j'eus occasion de faire, je doute très-fort de l'assertion de M. Savary, que la passion de l'ambition était si complétement éteinte dans le cœur de Bonaparte, que si on lui eût proposé de remonter sur le trône de France, il l'aurait refusé. Je pense, pour mon compte, que, s'il eût réussi à tromper la vigilance des croiseurs anglais et à gagner les États-Unis, il aurait toujours songé à revenir en France. Dans toutes les occasions, il parlait de l'ambition comme d'une qualité absolument nécessaire pour former le caractère d'un vrai militaire. Un jour, Savary vint à parler dans les termes les plus honorables de Kleber, à qui Napoléon avait laissé le commandement de l'armée lorsqu'il quitta l'Égypte; cette circonstance amena une espèce de discussion ou plutôt une compa-

raison, sous le rapport du mérite militaire,
entre ce général et Desaix, dont Savary
avait été aide-de-camp pendant les négo-
ciations d'El Arish. Bonaparte, en parlant de Kleber, fit le plus grand éloge de
lui comme officier; mais il ajouta : « Il lui
manquait l'une des qualités les plus nécessaires pour faire un grand militaire,
l'ambition. Il était indolent, et avait toujours besoin d'être stimulé. Desaix, au
contraire, avait toutes ses facultés te-
nues dans une activité constante par un
esprit d'ambition que rien n'eût pu
satisfaire ; et s'ils eussent vécu tous
deux jusqu'à l'époque actuelle, il eût été
de beaucoup le plus grand homme des
deux. »

Il ne paraît pas, d'après ce que disaient
les serviteurs de Bonaparte, qu'il ait jamais mis beaucoup d'argent en réserve
pour l'avenir, dans le cas où il éprouve-
rait un revers de fortune. Ils témoignaient
souvent du regret de sa pauvreté; et

madame Bertrand m'assura qu'il ne possédait pas plus d'un million de francs (1). Si la chose est vraie, ce n'était certainement pas une très-grosse somme pour un homme qui avait eu tant de milliards à sa disposition. « L'empereur a toujours déclaré, me disait cette dame, qu'il s'élèverait ou succomberait avec le pays, et que jamais il ne s'enrichirait des deniers publics. » Une fois aussi, lorsqu'on manifesta quelque intention de laisser madame Bertrand et ses enfans en Angleterre, après avoir fait remarquer que la pauvreté de Bertrand mettrait obstacle à cet arrangement, Bonaparte me dit :

---

(1) Cette relation fut écrite en 1815. Depuis cette époque, il a été prouvé par le testament de Bonaparte, ou que ses serviteurs étaient mal informés, ou que, ainsi que lui, ils déguisaient l'état de ses finances ; car il laissa entre les mains de M. Lafitte, banquier à Paris, une somme d'argent montant à près de dix millions (400,000 liv. st.), en outre d'une autre très-considérable qu'on dit qu'il avait placée dans les fonds américains.

(*Note du capitaine* MAITLAND.)

« Mes finances ne sont pas dans un état à
me permettre de l'aider beaucoup. »

Le carrosse de Bonaparte, qui fut pris
par les Prussiens à la bataille de Waterloo, contenait beaucoup d'objets d'une
grande valeur. Il y avait un nécessaire
dont tous les ustensiles, jusqu'au bassin
et à l'aiguière, étaient d'or massif; une
épée, montée en diamans, et un collier
de diamans, estimé valoir une somme
immense. Une de ses sœurs (je crois que
ce fut la princesse Borghèse) lui avait
passé ce collier autour du cou lorsqu'il
lui fit ses adieux à Paris, au moment de
partir pour rejoindre son armée, peu de
jours avant la bataille de Waterloo. Il
l'avait ôté et déposé dans un des secrets
de la voiture. Marchand, son valet de
chambre, manqua de si près d'être pris
par les hussards prussiens, qu'il quitta le
carrosse sans avoir le temps de mettre le
collier en sûreté. Cependant, j'ai appris
depuis, par le *Mémorial* de Las Cases,

que ce joyau avait été sauvé, et que Las Cases le porta caché sur lui pendant tout le temps qu'il fut à bord du *Bellerophon*.

Beaucoup de feuilles publiques ont assuré dans le temps, que si le marquis d'Anglesea n'eût pas reçu une blessure au moment où il dirigeait une charge, Bonaparte serait tombé entre ses mains. Cette assertion m'ayant frappé, je demandai aux généraux Bertrand et Gourgaud s'ils avaient connaissance que quelque chose de semblable fût arrivé. Tous deux répondirent : « Certainement non. L'empereur se trouva fréquemment pèle-mêle avec les troupes anglaises ; mais en aucun temps, pendant la bataille, il ne fut en danger d'être pris dans une charge de cavalerie. »

Les aspirans (1) du *Bellerophon* avaient l'habitude de représenter de temps en

____

(1) *Midshipmen.*

16.

temps des pièces pour leur amusement et celui des officiers pendant l'ennuyeuse opération d'un blocus. Bonaparte en ayant été instruit par Savary, les fit prier d'en représenter une pour lui. Pendant le spectacle, madame Bertrand se plaça à côté de Napoléon pour lui servir d'interprète. Il parut s'amuser beaucoup, et rit de bon cœur de la tournure de nos dames qui étaient représentées par de grands flandrins portant des habits de femme d'une manière tant soit peu grotesque. Il eut la patience de rester jusqu'à la fin du troisième acte, quoique, lorsqu'il allait à l'Opéra à Paris, il se retirât toujours à la fin du premier.

J'entendis un jour plusieurs de nos officiers français discuter le mérite des troupes anglaises. L'un d'eux dit : « La cavalerie est superbe. » — « En Angleterre, lui fis-je observer, nous avons une plus haute opinion de notre infanterie. » — « Vous avez raison, reprit-il, je n'en

connais pas de pareille dans le monde. Il
n'y a pas moyen de l'ébranler; autant vaudrait charger contre un mur, et son feu
est terrible. » Un autre dit ensuite : « Je
trouve un grand défaut à votre cavalerie,
c'est que les hommes ne sont pas assez
maîtres de leurs chevaux. Il faut qu'il y
ait quelque chose de défectueux dans la
construction du mors; car j'ai vu, dans
deux ou trois occasions, vos cavaliers ne
pouvoir arrêter leurs chevaux. Nos troupes s'écartaient à droite et à gauche, les
laissaient passer, puis refermaient leurs
rangs, et vos gens étaient tués ou faits
prisonniers. »

Je n'ai jamais entendu Bonaparte parler de la bataille de Waterloo, ni émettre
une opinion sur le duc de Wellington;
mais j'ai demandé au général Bertrand ce
que Napoléon pensait du duc. « Parbleu,
répondit le général, je puis vous rendre
son opinion presque dans les mêmes
termes qu'il me l'a donnée à moi-même :

« *Le duc de Wellington, pour le manie-
ment d'une armée, est tout-à-fait égal à
moi, avec l'avantage de posséder plus de
prudence* (1). »

Pendant le temps que Bonaparte demeura à bord du *Bellerophon*, nous con-
sultâmes sa commodité et nous vécûmes
entièrement à la française; c'est-à-dire

---

(1) Le caractère honorable du capitaine Maitland
nous jette dans le plus grand embarras, toutes les fois
que nous rencontrons dans sa relation des passages tels
que celui qu'on vient de lire. Si sa réputation de loyauté
était moins bien établie, nous saurions tout de suite à
quoi nous en tenir. Comment se persuader, en effet,
que Napoléon se soit exprimé ainsi sur le compte de lord
Wellington? Nous le déclarons d'avance au capitaine
Maitland, bien peu de nos lecteurs le croiront. Quant
à nous, nous tenons de très-bonne source que le César
français n'avait pas une très-haute idée des talens du
héros de la Grande-Bretagne. Au reste, comme le capitaine Maitland cite pour son autorité le général Bertrand, la chose ne tardera pas à s'éclaircir. En attendant, nous penserons qu'il y a eu quelque erreur prove-
nant de la connaissance imparfaite que le capitaine a de
notre langue.

(Note du traducteur.)

qu'on servait un repas chaud à dix heures
du matin et un autre à six heures du soir,
et ces deux repas se ressemblaient à tel
point, qu'un étranger, en entrant dans la
chambre, aurait eu de la peine à distin-
guer le déjeuner du dîner. Le maître-
d'hôtel de Bonaparte enlevait les pièces
de viande de dessus la table, les dépeçait
et les faisait circuler. Bonaparte mangeait
beaucoup, et généralement des mets so-
lides. Il était extrêmement sobre sur le
boire, se bornant presque uniquement au
vin de Bordeaux, et en buvant rarement
plus d'un quart de bouteille à chaque repas. Immédiatement après dîner, on
servait une tasse de fort café à la ronde et
ensuite quelque liqueur; après quoi Bonaparte se levait de table. Le repas durait
rarement plus de vingt à vingt-cinq minutes; et l'on m'a dit que pendant qu'il
était à la tête du gouvernement français
il ne restait jamais plus d'un quart
d'heure à table.

Lorsqu'il eut quitté le vaisseau , désirant connaître les sentimens de l'équipage à son égard , je demandai à mon domestique ce que les matelots disaient de lui. Il répondit : « Ah! monsieur, j'ai entendu plusieurs de nos gens s'entretenir sur son compte ce matin , et l'un d'eux disait : *On peut dire de cet homme-là tant de mal qu'on voudra ; mais si le peuple anglais le connaissait comme nous , on ne lui toucherait pas un cheveu de la tête ;* et tous les autres ont déclaré penser de même. » Ceci me parut d'autant plus extraordinaire que jamais il ne se trouva qu'une seule fois au milieu de l'équipage, c'est-à-dire lorsque, immédiatement après son arrivée à bord, je lui fis parcourir le vaisseau; et alors même il ne parla à aucun des matelots, se bornant à leur rendre leurs saluts en ôtant son chapeau. D'un autre côté, en conséquence de son séjour à bord , nos hommes souffrirent beaucoup de privations , telles que de ne pouvoir recevoir à bord leurs femmes et leurs amis, ni les aller voir à terre, et d'être obligés de faire le quart dans le port comme à la mer ; et, quand il quitta le vaisseau, le seul argent qu'il fit distribuer fut vingt napoléons à mon maître d'hôtel, quinze à un domestique qui servait à table, et dix au cuisinier.

Il peut être de quelque intérêt de tracer une esquisse légère des principaux personnages qui accompagnèrent Bonaparte sur le *Bellerophon*. Toutefois, je dois avertir que je ne prétends pas être d'une exactitude minutieuse dans le portrait que j'en présenterai. Les circonstances pénibles dans lesquelles ces hommes infortunés se trouvaient placés étaient de nature à exiger une âme d'une trempe plus qu'ordinaire, et je regarde comme très-douteux que des Anglais, dans la même situation, eussent conservé autant de patience et d'égalité d'humeur.

Le comte Bertrand avait alors environ quarante-quatre ans. C'est un
homme de cinq pieds dix pouces (1),
mince de corps et d'une figure agréable.
Il a les manières extrêmement douces
et aimables, quoiqu'il soit évidem-
ment d'un caractère ardent, et il se
montra un peu prompt dans sa conduite envers sir George Cockburn, relativement à la visite des bagages. En
effet sir George n'agissait pas de son
chef, mais d'après les ordres de ses
supérieurs, et était disposé à se conduire avec autant de ménagement que
ses instructions pouvaient le permettre.
Le général Bertrand m'a paru un époux
tendre et rempli d'attention pour sa
femme; il montrait aussi beaucoup d'affection pour ses enfans.

La comtesse Bertrand était d'une
haute stature et d'une taille svelte. Son

____

(1) Mesure anglaise.

nom de demoiselle était Dillon. Son
père était un Irlandais au service de
France, qui perdit la vie pendant la
révolution et était parent de lord Dillon. Quoique peut-être un peu empor-
tée, elle avait incontestablement beaucoup d'excellentes qualités. Elle se montra bonne mère et épouse affectionnée;
si elle était très-facile à offenser, elle
oubliait aussi facilement; et s'il y eut
quelques petites disputes entre nous
deux, elles furent amplement rachetées
par la manière franche et affectueuse
dont elle prit congé de moi, quand
nous fûmes au moment de nous sé-
parer peut-être pour jamais. Elle avait,
à l'époque dont je parle, trois beaux enfans, deux garçons et une fille. L'aîné des
garçons était âgé d'environ cinq ans, et
semblait avoir un penchant naturel pour
la profession de son père. Son amusement
le plus constant, auquel la jeune demoiselle et le petit Montholon prenaient

part, était de former des ligues, des
carrés et d'autres évolutions militaires
sur le gaillard d'arrière.

Le général Savary, duc de Rovigo,
était un grand bel homme, d'environ
quarante-six ans, d'un caractère gai ;
et nonobstant les alarmes dans lesquelles
il était qu'on ne le livrât au gouvernement français, il ne s'oublia jamais
jusqu'à faire usage d'une expression
grossière en ma présence. Il fut ministre de la police après Fouché. Quantité de bruits ayant couru relativement
à la mort du capitaine Wright, je lui
en parlai un jour, et lui dis qu'on
croyait généralement en Angleterre qu'il
avait été assassiné. Il me répondit :
« J'ai pris beaucoup de peine pour
éclaircir cette affaire et reconnaître la
cause de sa mort, et je n'ai pas le
moindre doute qu'il ne se soit coupé
le cou dans un accès de délire. » Ni
M. Savary ni M. Lallemand n'eurent la

permission d'accompagner Bonaparte à Sainte-Hélène; mais aur etour du *Bellerophon* à Plymouth, après la translation de Napoléon sur le *Northumberland*, ces deux généraux, ainsi que M. Planat et les autres officiers, à l'exception de trois, furent, par ordre de l'amirauté, envoyés à bord de la frégate l'*Eurotas*, qui les transporta à Malte, d'où, après être demeurés quelque temps prisonniers au fort Saint-Ange, on leur permit de se rendre à Smyrne.

Le général Lallemand avait environ quarante ans, et était gros et fort. Ses manières n'étaient pas agréables, et sa physionomie ne prévenait nullement en sa faveur. Pendant tout le temps qu'il demeura sur le *Bellerophon*, il fut morne et taciturne, et semblait appréhender fortement qu'on ne le livrât au gouvernement français. Il n'y avait guère de doute que si on l'eût fait, il n'eût partagé le sort de Ney , parce qu'il avait, avec les troupes sous son commandement , rallié Napoléon au retour de l'île d'Elbe. Il avait antérieurement été pendant plusieurs années aide de camp de Bonaparte , et , pendant le temps qu'il fut sur le *Bellerophon*, il en fit le service à tour de rôle avec MM. Montholon et Gourgaud. L'un d'eux couchait tout habillé sur un matelas à la porte de la chambre de Napoléon. Les deux autres aides de camp, les généraux Montholon et Gourgaud, étaient des jeunes gens d'environ trente-deux ans ; le premier était officier de cavalerie, et l'autre appartenait à l'arme de l'artillerie. Tous deux étaient de bonne famille ; mais leur attachement à Bonaparte les avait engagés à abandonner leur pays et leurs biens pour le suivre.

Madame Montholon était une femme fort douce et sans prétention ; elle ne

causait aucun embarras, et semblait
complétement satisfaite pourvu qu'on
lui permît d'accompagner son mari.
Elle avait avec elle un joli petit garçon
d'environ quatre ans, et je crois qu'elle
avait laissé un autre enfant en nourrice
en France.

Le comte Las Cases, quoique portant le titre de conseiller d'état, n'occupait aucun emploi officiel auprès
de Bonaparte; et je ne comprends pas
parfaitement comment il vint pour l'accompagner à son départ de France,
n'ayant pas été avec lui à l'île d'Elbe.
L'intimité paraît s'être établie depuis son retour de cette île. Napoléon
aimait la conversation de M. Las Cases.
Celui-ci était d'une petite stature, n'ayant
guère plus de cinq pieds. Il parlait toujours de son maître avec le plus grand
enthousiasme, et résista à toutes les sollicitations de sa famille pour rester en
France, étant déterminé à suivre Bo-

naparte partout où on l'enverrait. M. Las Cases emmena avec lui son fils aîné, garçon de treize ans, vif et intelligent.

M. Maingaud, le chirurgien et tous les domestiques au delà des douze qui allaient à Sainte-Hélène, furent conduits sur le *Bellerophon* à Portsmouth, et de là envoyés à Cherbourg, où on les débarqua. M. Sainte-Catherine, jeune homme d'environ seize ans, neveu de l'impératrice Joséphine, et natif de la Martinique, obtint un passage pour cette île à bord d'une de nos corvettes.

Le capitaine Piontowski, Polonais, eut la permission de partir pour Sainte-Hélène peu de temps après que le *Northumberland* eut mis à la voile. Je n'ai jamais bien compris pourquoi on lui accorda cette faveur. On a dit que ce fut en conséquence des représentations qu'il fit au gouvernement anglais, de l'extrême attachement qu'il avait pour son infortuné maître; mais, autant que j'en ai pu juger, ce sentiment régnait avec une égale force dans le cœur de tous ceux qui étaient venus de France avec Bonaparte, sans en excepter madame Bertrand, qui, lorsqu'elle n'était pas influencée par l'horreur que lui inspirait l'idée d'être bannie à Sainte-Hélène, parlait toujours de lui, non-seulement avec affection, mais même avec le langage du respect, de l'admiration et de l'enthousiasme.

APPENDICE.

Il s'est répandu tant d'erreurs relativement aux conditions de la réception de Bonaparte à bord du *Bellerophon*, que je crois à propos de publier la correspondance suivante, au risque de tomber dans quelques répétitions. Je m'y décide afin qu'on voie distinctement que la bonne foi de la nation anglaise ne fut point compromise dans cette occasion, et que le gouvernement de Sa Majesté Britannique était parfaitement libre (en ce qui concernait ces conditions) d'agir de la manière qu'il jugerait la meilleure.

Au capitaine Maitland, commandant le vaisseau de Sa Majesté Britannique le Bellerophon.

« A bord du *Tonnant*, à l'ancre sous Berryhead, le 7 août 1815.

» Monsieur,

» Le comte Las Cases m'ayant exposé, ce matin, qu'il avait compris, d'après vos paroles,

17.

quand il fut à bord du *Bellérophon*, dans la rade des Basques, avec une mission du général Bonaparte, que vous étiez autorisé à recevoir le général et sa suite à bord du vaisseau que vous commandez, pour les conduire en Angleterre, et que vous l'aviez assuré, en même temps, que le général et sa suite y seraient bien reçus, vous voudrez bien m'adresser, pour mon instruction, telles observations que vous jugerez nécessaire de faire sur ces assertions.

» Je suis, Monsieur,

» Votre très-obéissant et humble serviteur,

» KEITH, *amiral.* »

Au très-honorable vicomte Keith, grand'croix de l'ordre du Bain, amiral commandant en chef la flotte de la Manche.

» A bord du *Bellérophon*, dans la rade de Plymouth, le 8 août 1815.

» Milord,

» J'ai reçu la lettre de votre seigneurie, en date d'hier, par laquelle vous m'informez que le comte Las Cases vous a exposé qu'il avait compris, d'après mes paroles, quand il fut à bord du *Bellerophon*, dans la rade des Basques, avec une mission du général Bonaparte, que j'étais autorisé à recevoir le général et sa suite à bord du vaisseau que je commande, pour les conduire en Angleterre, et que je l'avais assuré, en même temps, que le général et sa suite y seraient bien reçus; et vous m'ordonnez de vous adresser, pour votre instruction, telles observations que je jugerai nécessaire de faire sur ces assertions. Je vais, en conséquence, relater, du mieux que je puis m'en souvenir, tout ce qui a eu lieu entre le comte de Las Cases et moi, le 14 juillet, concernant l'embarquement de Napoléon Bonaparte; et, pour la véracité de ma relation, je prends la liberté d'en appeler vis-à-vis de votre seigneurie, au témoignage du capitaine Sartorius, quant à ce qui s'est dit le matin, et à celui de ce même officier et du capitaine Gambier (le *Myrmidon* m'ayant rallié dans l'après-midi), pour tout ce qui s'est passé le soir.

» Votre seigneurie ayant déjà été informée de l'envoi du parlementaire, qui me vint le 10 juillet, ainsi que de tout ce qui arriva dans cette occasion, je me bornerai aux événemens du 14 du même mois.

» Ce jour, de grand matin, l'officier de quart m'informa qu'une goëlette, portant pavillon parlementaire, s'approchait. Lorsqu'elle eut joint le vaisseau, vers sept heures du matin, le comte Las Cases et le général Lallemand vinrent à bord. Quand je les eus introduits dans la chambre, M. Las Cases me demanda s'il avait été fait quelque réponse à la lettre que j'avais envoyée à sir Henry Hotham, concernant la question de laisser passer Bonaparte pour se rendre en Amérique, soit à bord des frégates, soit sur un bâtiment neutre. Je lui dis qu'il n'était point encore venu de réponse, bien que, en conséquence de ces dépêches, je m'attendisse d'heure en heure à voir arriver sir Henry Hotham ; et que, comme j'avais dit à M. Las Cases, la première fois qu'il était venu à bord, que j'enverrais mon canot quand la réponse arriverait, il était tout-à-fait inutile d'envoyer un parlementaire pour cet objet. La conversation se termina là pour le moment. A l'arrivée de ces messieurs à bord, j'avais mandé par signal le capitaine du *Slaney*, désirant avoir un témoin de tout ce qui se passerait.

» Après le déjeuner, pendant lequel le capitaine Sartorius vint à bord, nous passâmes dans la chambre d'arrière. Alors M. Las Cases se remit à parler sur le même sujet, et dit : « L'empereur a tellement à cœur de prévenir une nouvelle effusion de sang, qu'il se rendra en Amérique de toute manière que le gouvernement anglais approuvera, sur un bâtiment de guerre français, sur un vaisseau armé en flûte, sur un navire marchand, ou même sur un bâtiment de guerre anglais. » Je répondis : « Je ne suis autorisé à acquiescer à aucun arrangement de cette nature ; mais s'il veut venir à bord du vaisseau que je commande, je pense que, conformément aux ordres d'après lesquels j'agis, je puis me hasarder à le recevoir et à le conduire en Angleterre ; mais, si je le fais, je ne saurais en aucune façon être responsable de l'accueil qu'il pourra recevoir. » Je répétai plusieurs fois ces derniers mots. M. Las Cases dit : « Je n'ai guère de doute, dans ces circonstances, que vous ne voyiez l'empereur à bord du *Bellerophon.* » Après quelque temps d'une conversation un peu plus générale, et ce qui précède ayant été fréquemment répété, M. Las Cases et le général Lallemand prirent

congé de moi ; et je puis assurer à votre
seigneurie que je n'ai fait ni accepté aucune
condition concernant l'accueil que le général
Bonaparte devait recevoir, et que même il ne
fut pas alors définitivement réglé qu'il viendrait
à bord du *Bellerophon*. Dans le courant de la
conversation, M. Las Cases me demanda si je
pensais que Bonaparte serait bien reçu en Angleterre. Je lui fis la seule réponse que je pouvais faire dans ma situation, savoir, que je ne
connaissais pas du tout quelle était l'intention
du gouvernement anglais; mais que je n'avais
aucune raison de supposer qu'il ne serait pas
bien reçu. Il est à propos de faire remarquer ici
que, quand M. Las Cases vint à bord, il m'assura que Bonaparte était alors à Rochefort, et
qu'il serait nécessaire qu'il retournât là pour lui
rendre compte de la conversation que nous
avions eue ensemble (chose que je puis prouver par le témoignage du capitaine Sartorius,
et celui du premier lieutenant de mon vaisseau,
à qui j'en parlai dans le temps). Cependant
cela n'était pas vrai, Bonaparte n'ayant jamais
quitté l'île d'Aix ou les frégates depuis le 3.

» En conséquence, je fus très-surpris de voir
M. Las Cases revenir à bord avant sept heures

du soir, le même jour; et une des premières questions que je lui adressai fut s'il avait été à Rochefort. Il me répondit qu'à son retour à l'île d'Aix il y avait trouvé Bonaparte.

» M. Las Cases me présenta alors la lettre du comte Bertrand concernant l'intention de Bonaparte, de venir à bord de mon vaisseau (lettre dont une copie a été transmise à votre seigneurie par sir Henry Hotham), et ce n'est qu'alors qu'il fut convenu que je le recevrais, et que M. Las Cases ou le général Gourgaud (je ne sais pas positivement lequel, parce que j'étais occupé à écrire mes dépêches) écrivit à M. Bertrand pour l'en informer. Pendant qu'on préparait du papier pour écrire la lettre, je dis de nouveau à M. Las Cases : « Vous vous rappellerez que je ne suis autorisé à faire de conditions d'aucune sorte. » M. Las Cases n'a même jamais mis en avant une pareille idée jusqu'à la journée d'avant-hier. Ce n'était point l'opinion de Bonaparte ni du reste de sa suite; et je puis en offrir de fortes preuves tirées des conversations qu'ils ont eues avec moi.

» Comme je n'avais jamais entendu mentionner la chose avant les deux jours derniers, je ne détaillerai pas toutes les conversations qui ont eu lieu ; mais je me bornerai à ce laps de temps.

» Le soir du jour où l'escadre jeta l'ancre sous Berryhead, Bonaparte m'envoya chercher vers dix heures, et me dit qu'il venait d'être informé par le comte Bertrand, que j'avais reçu des ordres pour le transférer à bord du *Northumberland*, et qu'il désirait savoir si la chose était vraie. Sur ma réponse affirmative, il me pria d'écrire une lettre au général Bertrand pour lui faire part de ces ordres, afin qu'il ne parût pas que la chose se fît de son consentement, mais qu'il devînt notoire qu'il y avait été forcé. Je lui répondis que je ne ferais aucune difficulté à cet égard, et j'écrivis la lettre demandée dont je joins ici copie, et que votre seigneurie approuva ensuite, en m'autorisant, s'il le demandait, de lui donner une copie de l'ordre.

» Après avoir arrangé cette affaire, j'allais me retirer, lorsque Bonaparte me pria de demeurer, parce qu'il avait encore quelque chose à me dire. Il commença par se plaindre du traitement qu'on lui faisait éprouver, en le forçant à aller à Sainte-Hélène. Il dit entre autres choses : « Ils disent que je n'ai pas fait de conditions. Certainement, je n'en ai point fait.

Comment un particulier pouvait-il entrer en arrangement avec un peuple? Je ne leur demandais rien que l'hospitalité, ou, comme disaient les anciens, l'air et l'eau. Je me suis abandonné à la générosité des Anglais. J'ai réclamé une place sur leurs foyers, et mon seul désir était d'acheter une petite propriété en Angleterre, et d'y finir mes jours tranquillement. » Après qu'il m'eut dit encore quelque chose de la même sorte, je pris congé de lui pour la nuit.

» Le matin du jour où il fut transféré du *Bellerophon* sur le *Northumberland*, il m'envoya chercher de nouveau et me dit : « J'ai demandé à vous voir, afin de vous exprimer ma reconnaissance pour votre conduite envers moi pendant que je suis resté à bord du vaisseau que vous commandez. Ma réception en Angleterre a été très-différente de ce que j'attendais ; mais, pendant tout le temps de mon séjour avec vous, vous avez agi comme un homme d'honneur. Je vous prie d'accepter mes remerciemens et de les transmettre aux officiers et à l'équipage du *Bellerophon* .»

» Peu après, le général Montholon vint me trouver de la part de Bonaparte ; mais pour faire comprendre ce qui se passa entre lui et moi, il est nécessaire que je rapporte une conversation que j'eus avec madame Bertrand pendant la traversée de Rochefort en Angleterre.

« Il n'est pas besoin de rappeler comment la conversation commença, parce que le commencement n'avait point de rapport avec l'affaire actuelle. Madame Bertrand me dit que Bonaparte avait l'intention de me faire présent d'une boite renfermant son portrait enrichi de diamans. Je répondis : « J'espère que non, car je ne pourrais l'accepter. » — « Si vous ne l'acceptez pas, reprit madame Bertrand, vous l'offenserez beaucoup. » — « Dans ce cas, repris-je à mon tour, je vous serai obligé de prendre des mesures pour empêcher que l'offre ne soit faite ; parce qu'il m'est absolument impossible de l'accepter, et que je désire lui épargner la mortification et à moi la peine d'un refus. » La chose en resta là, et je n'en entendis plus parler qu'environ une demi-heure avant que Bonaparte quittât le *Bellerophon*. M. Montholon, comme je l'ai dit plus haut, vint à moi et me dit qu'il était chargé par Bonaparte de m'exprimer la haute idée qu'il s'était faite de ma conduite dans toute cette affaire ; que son

intention avait été ne m'offrir une boîte contenant son portrait, mais qu'il avait appris que
j'étais déterminé à ne pas l'accepter. « Dans
la situation où je suis placé, répondis-je, il
m'est impossible de recevoir un présent de la
part de Bonaparte ; cependant je suis extrêmement flatté du témoignage qu'il rend à la droi-
ture de ma conduite. » M. Montholon ajouta :
« Un des plus grands regrets qu'il éprouve de
n'avoir pas été admis à une entrevue avec le
prince régent, provient de ce qu'il avait résolu
de demander comme une faveur que vous fus-
siez promu au rang de contre-amiral. » Je répliquai : « Cela aurait été tout-à-fait impossible ;
mais je ne suis pas moins sensible à cette intention bienveillante. » Je dis ensuite : « Je suis
très-fâché que M. Las Cases dise que je lui aie
donné aucune assurance concernant l'accueil
que Bonaparte devait recevoir en Angleterre. »
— « Oh! dit M. Montholon, Las Cases a été
déçu dans ses espérances ; et, comme c'est lui
qui a négocié l'affaire, il s'attribue la situation
de l'empereur ; mais je puis vous assurer que
l'empereur est convaincu que vous avez agi en
tout comme un homme d'honneur. »

» Votre seigneurie ayant entendu une partie

de la conversation qui eut lieu entre M. Las Cases et moi, sur le gaillard d'arrière du *Bellerophon*, je ne la détaillerai pas ; mais, dans cette occasion, j'ai nié positivement d'avoir rien promis concernant la réception de Bonaparte et de sa suite, et je crois que votre seigneurie fut d'avis alors qu'il n'avait pas pu prouver son assertion.

» Il est extrêmement désagréable pour moi, de me voir dans la nécessité d'entrer dans des détails de ce genre; mais la manière messéante dont M. Las Cases a dépeint ma conduite à votre seigneurie, m'a obligé de produire des preuves du jour sous lequel l'affaire était envisagée par Bonaparte et ses compagnons.

» Je répète de nouveau que les capitaines Gambier et Sartorius, peuvent attester la plus grande et principale partie de ce que j'ai exposé, en ce qui concerne l'accusation portée contre moi par M. le comte Las Cases.

» J'ai l'honneur d'être,

» De Votre Seigneurie,

» Le très-humble et obéissant serviteur,

» FRÉD. L. MAITLAND, *capitaine du vaisseau de S. M. B. le* Bellerophon. »

*Au très-honorable vicomte Keith, grand croix de l'or-
dre du bain, amiral commandant en chef la flotte
de la Manche.*

« A bord du *Slaney*, dans la rade de Plymouth,
le 15 août 1815.

» Milord,

» J'ai lu la lettre que le capitaine Maitland
a écrite à votre seigneurie, le 8 du courant, laquelle contient ses observations sur les assertions faites la veille par M. le comte Las Cases.
J'atteste l'exactitude de l'exposé du capitaine
Maitland, en ce qui se rapporte aux conversations qui ont eu lieu en ma présence.

» J'ai l'honneur d'être,

» De Votre Seigneurie,

» Le très-humble et obéissant serviteur,

» G. R. SARTORIUS, *capitaine du bâtiment de S. M. B. le* Slaney. »

Une lettre semblable à la précédente, fut
écrite à lord Keith par le capitaine Gambier,

et adressée à l'amirauté avec mon rapport par
sa seigneurie; mais, par quelque circonstance
fortuite, le secrétaire de l'amiral ne m'en déli-
vra point de copie.

FIN.